일상의 명상
나를 위로하는 시간

일상의 명상
나를 위로하는 시간

초판 1쇄 2020년 11월 30일

지은이 안은수
펴낸이 김기창
펴낸곳 도서출판 문사철

출판등록 제300-2008-40호
주소 서울 종로구 창경궁로 265 상가동 3층 3호
전화 02 741 7719 | **팩스** 0303 0300 7719
홈페이지 wwww.lihiphi.com
전자우편 lihiphi@lihiphi.com

디자인 은
인쇄 및 제본 천광인쇄사

ISBN 979 11 86853 84 9 (03100)
※ 값은 뒤표지에 있습니다.

일상의 명상

나를 위로하는 시간

안은수 지음

도서출판문사철

프롤로그
잠시 멈추고 깊은 호흡

생전 처음 만나는 봄학기를 지나 여름을 건너 가을의 문턱입니다. 일곱 살 이후 학교 주변에서 살고 있는 사람에게 삼월 신학기의 실종은 낯설기만 했습니다. 사람들의 일상을 앗아간 새로운 바이러스에 의한 감염병이 전 세계에 퍼졌습니다.

집안에 갇힌 사람들과 어쩔 수 없이 거리로 나가야 하는 이들 모두 불안하고 두려운 심정입니다. 이런 비자발적 통제가 초래한 불안과 두려움은 우울함을 부릅니다. 그리하여 너나없이 강도 높은 스트레스 상황에 놓이게 되었습니다.

한 치 앞을 모르는 것이 인생이라 했던가요. 이 글을 시작할 때의 나는 방금 닥칠 이런 일들을 상상할 수 없었습니다. 단지 '내 삶에 수시로 달려드는 스트레스 상황과 어떻게 대면할 것인가.' '다른 이들은 어떻게 견디고 헤쳐갈까.' 다양한 원인으로 스트레스 상황에 처한 이들과 각자의 경험을 나누고 싶었습니다. 공교롭게도 2020년의 팬더믹^{Pandemic}은 이런 논의의 폭을 넓혀주고 있습니다.

스트레스는 그 정도에 따라 가슴이 답답한 수준의 영향을 줄 수도 있고 정신과 몸의 중병을 불러올 수도 있습니다. 전통의학에서는 마음의 병이 모든 질환의 근본 원인이라 합니다. 현대의학의 관점에서도 스트레스에 근원하지 않는 질병을 찾기 어렵습니다. 마음의 병과 몸의 질환은 유기적 연관을 갖습니다. 이렇게 보면 만병의 근원인 스트레스 상황에서 벗어나기 위해 우선 다친 마음을 돌아볼 필요가 생깁니다.

그래서 '깊은 호흡으로 일단 멈춤'을 제안해 보았습니다. 일종의 명상법이라 할 수 있겠습니다. 최근 유명 IT기업의 사내교육프로그램으로 명상이 도입되었고 긍정적 효과를 얻었다는 소식이 속속 전해집니다. 명상이 스트레스 상황을 개선하고 일의 성과를 향상하는 데에 기여한 바가 크다고 하지요.

명상은 자신의 마음을 바라보는 활동입니다. 그렇다면 명상은 반드시 조용한 공간을 찾아가서 눈을 감고 복식호흡을 하는 형식을 갖춰야 하는 것은 아닙니다. 이 글에서는 일상의 다양한 활동-읽고 쓰며·맛보며·움직이며·생각하고 말하며-을 매개로 마음의 건강을 도모하자는 제안을 했습니다. 각 에피소드 아래에는 동양의 고전에 나오는 말을 소개하였는데, 이를 심호흡하듯 읽어 보는 것 또한 명상의 일환이라 여깁니다.

  요는 다친 마음과 정신을 버려두지 말고 스스로 보듬고 치유하자는 것입니다. 그리하여 이 글은 나 자신에게, 동시에 같은 처지의 우리에게 건네는 이야기입니다. 제게는 이 글을 쓰는 행위 자체가 많은 위로를 주었습니다. 상처는 거의 아문 듯하고 새로운 국면을 준비할 수도 있을 것 같습니다. 좋은 것이 다 좋은 것은 아니고 나쁜 것도 모조리 나쁜 것만은 아니라지요. 사회적 거리두기가 글을 읽고 쓰는 데에는 나쁘지 않은 환경이었습니다. 더구나 자신의 자리에서 이 어려운 상황에 의연히 대처하는 많은 이들의 노고를 보면서 또 많은 것을 배울 수도 있었고요.

  글을 쓰는 동안 유일한 야외 활동이었던 향동천 산책길의 나무들, 그 가지 끝에서 몽글몽글 솟구쳐 나오려는 생명의 움직임으로 가슴 벅찼던 기억이 새롭습니다. 유난히 많은 비가 내렸던 여름을 건너니 이제 높은 하늘이 가을을 이야기해 줍니다. 더없이 아름다운 하늘이 이 어려움을 잘 넘기라고 격려해 주는 것 같습니다.

차례

5 프롤로그
329 에필로그

읽고 쓰며

15 사직서
20 거절의 경험을 넘어
25 그는 '멋있고 싶어서' 산다고 했다
31 '쓰기'의 쓸모
36 가치의 역설
42 도전! 웰-에이징
47 직관력 키우기
52 유튜브 홀릭의 시대
57 도파민과 옥시토신 사이에서
62 2020 아카데미상 후보
68 신라의 공주와 페르시안 왕자
74 그럼에도 불구하고, 마이웨이
80 '아니요'라 할 수 있는 자유
85 우울, 정면에서 바라보기
90 확증편향 경계
97 말의 품격
102 기록의 힘

맛보며

111 아인슈페너의 힘
116 든든한 육개장
122 셀프 김밥의 재미
127 알리오 올리오의 명료함
132 수타 짜장으로 행복 찾기
137 보글보글 된장찌개
142 매운 낙지볶음
147 겨울엔 냉면
152 통 크게! 꽃등심
158 나를 위한 초대
164 밀크티 맛집
170 어린 시절 나의 사과
175 잔치국수의 변주
180 파운드 케이크로 충전
186 코코뱅으로 위로
192 순진한 음식으로 안정 찾기
198 '보기 좋은 떡'의 미학

움직이며

207 그 안에선 볼 수 없었던 것들
212 피나 바우쉬의 춤
217 올라가 내려다보며
222 〈벌새〉로 성찰
228 오래된 친구
233 극장에서 유람
239 건축전 관람기
244 어떤 삶
250 눈에 띄도록
256 이번엔 기적을 믿어볼까요
262 〈두 교황〉 이야기
268 같은 꿈을 꾸는 사람
276 판소리 강좌 폭풍검색
281 아무노래 챌린지
286 동네 여행
291 명상 요가
296 북한산 아랫마을, 내 안에 저장
301 보라카이에선 아무 것도 하지 말아요
308 자원봉사자의 행복지수
314 쉼표
321 소리 질러~

읽고 쓰며

사직서

 햇수로 27년. 박사과정 마지막 학기에 첫 강의를 시작했으니 오늘까지 27년이란 세월 동안 모교에서 강의할 기회가 있었습니다. 신기하게도 첫 강의 때의 설렘은 지난 학기 대학원 강의가 끝나는 날까지 줄곧 함께 했습니다.

 첫 강의 전의 나는 다중을 향해 의미 있는 이야기를 해야 한다는 '사건' 앞에서 두려웠습니다. 그런데 첫 강의의 기억은 이런 기반에 비해 꽤나 충만했던 것 같습니다. 내가 먼저 보았던 어떤 지식을 매개로, 그러니까 분명한 화제를 가지고 가까운 이들과 스스럼없는 대화를 나누는 느낌이었을까요. 자세한 기억은 없지만 그 때 난 학생들과 눈을 맞추었고 처음이 주는 떨림 너머에 있는 교감을 보았습니다.

 이후로 나는 알 수 있었습니다. 강의는 단순히 지식을 전달하는 시간이 아니라는 것을요. 그건 나와 그들 각각을 열어주는 계기였습니다. '강의는 나를 확장시키고 심화 할 수 있는 계기이다!' 이런 생각은 첫 강의 전의 두려움을 가시게 해 주었을 뿐 아니라 애정을 가지고 정면으로 강의와 대면하게 해 주었습니다.

공부를 업으로 정한 사람은 대체로 자기 관심사에 대한 연구를 지속하고 그 성과는 글과 강의를 통해 드러냅니다. 그러므로 강의는 연구자가 자기 존재를 실현하고 확인하는 중요한 수단 중의 하나입니다. 대학의 전임 교원이 되고자 하는 이유도 안정적인 환경에서 연구자의 길을 가기 위해서일 겁니다.

그런데 모두 아는 것처럼 전임 교원이 되는 일은 만만치 않은 과업입니다. 그리고 그 과업을 이루지 못한 연구자의 길은 당연히 험난합니다. 그러니 박사 학위를 받은 이후 오랜 시간에 걸친 나의 유목 생활은 불안했을 겁니다. 그렇다 해도 결국 그리 나쁘지 않은 시간이었다고 자평합니다. 물질적으로 안정적이지 못한 대신 시간을 자유롭게 누릴 수 있었기 때문입니다. 그 안에서 보고 싶은 글을 읽을 수 있었고 쓰고 싶은 글을 쓸 수도 있었습니다.

게다가 늘 교단에 설 수 있는 기회가 있었거든요. 한국의 비전임 연구자로서는 행운이었다고 말해야 할 겁니다. 모교에서는 27년 동안 줄곧 강의할 수 있었고 그 사이에 다른 몇몇 대학에

출강할 기회도 있었으니까요. 현실의 불온한 날들을 견딜 수 있었던 동력은 아마도 이 강단에서의 시간 때문일 겁니다.

이제 새로운 '강사법'이 만들어지고 그에 따라 대학은 지금까지와 다른 방식으로 강사를 채용합니다. 실은 다른 방식이라기보다 왜곡된 방식이라고 해야 할지도 모르겠네요. 암튼 자의와 타의에 의해 나는 더 이상 대학에서 강의를 할 수 없게 되었습니다. 그런 결정을 하니 마음이 많이 허전했습니다.

오늘과 같은 시대에 한 대학 강사의 사임이 무슨 사건이나 되겠습니까. 누구도 아는 체 하지 않는 일인걸요. 그래도 나 개인의 삶으로 보면 자기 확인을 충족해 주는 의미 있는 일 하나를 던진 격이라 꽤나 파동이 이는 사건입니다.

개인적 파동을 경험하는 오늘, 나는 한국 대학이 안고 있는 문제에 대한 담론을 하고 싶진 않습니다. 다만 자기가 선 자리에서 아닌 건 아니라고 말할 수 있는 자유로운 인간에 대해 생각합니다. 사소한 일이라도 옳지 않은 길에 같이 휩쓸리지 않는 용기를 기억합니다. 이것이 오랜 시간 동안 내가 공부했던 공자에게서 배운 것이라서요.

반창고

불온한 현실이 발목을 잡을 때마다 "반드시 해야만 한다는 것도 없고 하지 말아야 한다는 것도 없으니 의와 더불어 짝을 이룰 뿐이다."라고 했던 공자의 말을 기억합니다. 위로와 격려를 동시에 받는 구절입니다.

특히나 오늘과 같이 마음이 허허로운 날 책상 위에 펼쳐 있던 《맹자》는 하필 "인은 빛이 나고 불인은 치욕스럽다."고 말해주네요. 존중 받지 못하는 혼자만의 정의로움으로 쓸쓸했던 마음이 반짝 뜨끈해졌지요. 내 편이 있었던 것입니다. 그리하여 땡큐, 공자&맹자!

더불어 읽고 생각해 보면 좋을 이야기

공자가 말했다.
"군자는 세상일에 대해
반드시 해야만 한다는 것도 없고
하지 말아야 한다는 것도 없으니
의와 더불어 짝을 이룰 뿐이다."

    논어, 이인 10: 子曰 君子之於天下也 無適也 無莫也 義之與比.

맹자가 말했다.
"인은 빛이 나고 불인은 치욕스럽다.
지금 치욕을 싫어하면서 불인함에 거하는 것은
습한 것을 싫어하면서 밑바닥에 거하는 것과 같다."

    맹자, 공손추 상 4: 孟子曰 仁則榮 不仁則辱. 今惡辱而居不仁, 是猶惡濕而居下也.

거절의 경험을 넘어

자존감Self-esteem의 사전적 의미는 "자신에 대한 존엄성이 타인들의 외적인 인정이나 칭찬에 의한 것이 아니라 자신 내부의 성숙된 사고와 가치에 의해 얻어지는 개인의 의식"입니다. 그러니 자존감 지수는 누가 알아주던 알아주지 않던 간에 자신이 옳다고 믿는 신념에 따라 행동하고 선택하는 정도에 따라 정해집니다.

자존감이 높은 사람은 자신이 모르는 것을 솔직히 인정합니다. 지금은 알지 못하지만 노력해서 알아 볼 수도 있고, 원하지 않는 부분이라면 쿨하게 패스할 수도 있다고 여길 테니까요. 반면 자존감이 낮은 이는 자신의 단점을 남에게 보이는 것에 극도로 예민해서 모르는 것도 아는 척 해버리는 수가 많습니다.

학회에서 논문 발표를 하는 학자들 중에도 이런 두 부류의 사람들을 발견할 수 있어요. 자신의 글에 대한 논평이나 질의가 모르는 부분이라 해봐요. 어떤 사람은 그에 대해 모른다는 것을 인정하고 더 공부해 보겠다고 합니다. 또 다른 이는 모르는 것을 감추고자 장황하게 변명하는 말에 스스로 스텝이 꼬이고 청중들까지 혼란에 빠뜨립니다. 대가라는 평가를 받는 이들 중에도 이런 두 경향은 예외가 없습니다.

자존감이 높을수록 행복 지수도 높다고 합니다. 이런 사실을 모르는 이는 없을 텐데도 자존감 결여를 토로하는 원인은 무엇일까요. 첫째는 내 안에서 찾아내는 일에 미숙하기 때문입니다. 내 삶의 의미와 가치를 내 내면에서 스스로 찾아내는 것 말이에요. 내가 좋아하는 것이 무엇인지, 내가 하고 싶은 일은 무엇인지. 스스로 질문하고 그 답을 구해보려는 시도를 하지 못하고 주변으로부터 주어진 답을 나의 것으로 오해한 경우입니다. 둘째는 비교하고 경쟁하는 태도에 기인합니다. 이렇게 되면 내 선택의 가치를 그 자체로 바라보는 것이 어려워집니다.

'마음이 힘들다'고 느낄 때의 많은 경우는 자존감이 떨어지는 징후와 함께 옵니다. 대부분은 위의 두 가지 원인이 겹쳐서 닥치고요. 이렇게 되면 사람을 무기력하게 만들기 십상입니다. 한껏 다운되었다가 다시 올라오기 위해서는 내 안의 이야기에 귀를 기울이며 비교와 경쟁에서 오는 스트레스에서 벗어나야 합니다. 이게 말처럼 쉬운 과정은 아니지만 이런 방향을 견지하는 일은 중요합니다.

'마음이 힘든' 상황은 주로 현실에 닥친 어려운 문제 때문에 생깁니다. 실패한 연애, 취업의 난관, 불어난 나이, 잘못된 사업. 우리의 삶은 늘 어려운 문제들과 만나게 마련입니다. 그리고 그것에 대처하는 길이 삶의 과정일지도 모릅니다. 그러니 내가 마주할 다양한 어려움에 당당하게 맞설 각오를 하지 않을 수가 없잖아요. 피할 수 없는 일이니까요.

누구에게나 힘들고 어려운 일이 존재합니다. 그런데 사람에 따라 대처하는 자세는 다릅니다. 즐겁고 유쾌한 상황이야 연습하지 않아도 쉽게 누릴 수 있습니다. 그러나 우리가 살면서 만나야 하는 작고 큰 고난을 잘 넘어가기 위해서는 연습이 필요합니다. 운동을 통해 근육을 강화하는 것과 같은 수련 말이에요.

이 수련의 기초가 자존감 강화일 겁니다. 그 멋진 근육을 다른 이가 만들어 줄 수 없듯이 난관을 넘어서는 것도 내 스스로의 힘으로 해내야 하니까요.

반창고

거절의 경험을 통해 결국 성장한다는 스토리를 만들고 싶어요. 그러려면 실패의 과정 없이 말끔하게!는 비현실임을 인정해야 해요. 성공이라 부를 수 있는 것이 한 가지 빛깔은 아니라는 인식도 필요합니다. 가치 있다고 여기는 삶의 방향을 잃지 않고자 애쓰는 스스로를 다독여 주면서요.

《논어》학이편의 첫 장에는 세 개의 문장이 나와요. 이전에는 줄곧 그 중 첫 번째 문장에 주목했고 가끔은 두 번째 문장을 화제로 삼기도 했어요. 그런데 최근에는 여태 열외였던 세 번째 문장에 꽂혀있답니다. "다른 이가 알아주지 않더라도 평온할 수 있다면 또한 군자가 아니겠는가!" 이게 바로 자존감의 정의와 통하는 말이잖아요. 공자의 생각이 들어 있는 《논어》는 자존감 강화 수련에 유용한 도구입니다.

더불어 읽고 생각해 보면 좋을 이야기

공자가 말했다.
"배우고 때에 맞게 익히면 또한 기쁘지 않은가!
벗이 있어서 먼 곳으로부터 오면 또한 즐겁지 않은가!
다른 이가 알아주지 않더라도 평온할 수 있다면 또한 군자가 아니겠는가!"

> 논어, 학이 1: 子曰 學而時習之 不亦說乎. 有朋自遠方來 不亦樂乎. 人不知而不慍 不亦君子乎.

공자가 말했다.
"유야 내가 너에게 앎에 대해서 알려주겠다.
아는 것을 안다고 하고 모르는 것을 모른다고 하는 것,
이것이 아는 것이다."

> 논어, 위정 17: 子曰 由 誨女知之乎. 知之爲知之 不知爲不知 是知也.

그는 '멋있고 싶어서' 산다고 했다

어느 문화평론가가 팟캐스트 방송에서 밝힌 한 마디 말이 마음에 와 닿았어요. 재즈 음악을 이야기 하는 중이었는데 불현 듯 "나는 내가 왜 사는가에 대한 답을 찾았다."고 서두를 연 다음 "멋있고 싶어서!"라고 말해주었습니다. 사회자가 어떤 게 멋있는 것이냐고 묻자 이번엔 이렇게 말합니다. "요즘 세상에 아무도 알아주지 않는 재즈 음악, 예컨대 마일즈 데이비스Miles davis의 음악에 푹 빠져서 즐기는 자신의 모습."

그가 허세를 부리는 것으로 보이지 않았습니다. 그러기보다 퍽 진솔하다고 여겼고 공감이 되었어요. 매우 구체적인 표현이고 게다가 그가 추구하는 것이 무엇인지를 헤아릴 수 있게 하는 말이잖아요. 어려운 말로 포장된 어떤 이의 삶의 목적보다 훨씬 이해가 쉬운 방식이고요.

나는 어떤 존재인가, 왜 사는가, 어떻게 살아야 하는가, 그 목적은 무엇인가. 철학의 역사 이래로 줄곧 물어왔던 중요한 주제입니다. 이런 질문을 하지 않고도 살 수는 있어요. 그러나 이런 물음을 스스로에게 해 보고 그에 대한 답을 찾으며 사는 길도 있습니다. 그 답은 꽤나 유동적인 것 같아요. 어떤 때는 확고한 답을 찾았다고 확신하는 경우도 있고요. 삶의 장면마다 달리 구해지기도 하고, 어떤 시기에는 영 그 답을 모르겠는 때도 있어요.

'오늘 내 앞에 주어지는 시간에 주목하기'는 오늘의 내가 그 답으로 여기는 생각입니다. 내 존재에 대한 해명과 삶의 방법과 목적에 대한 해법이 다 여기에 있다고 여기니까요. 출생에서 죽음에 이르는 인간의 한 살이는 우연의 연속인 것 같아요. 단지 우연히 만난 이 순간을 잘 건너가면 다음의 순간에는 인과가 끼어들기도 할 테지만요. 아니면 인과를 넘어선 그저 하나의 우연이 이어질 수도 있을 거예요. 그러니 아무렴 어떻겠어요. 지금 우연히 마주한 나의 시간을 살 밖에요. 가능하다면 지금 이 순간, 그 자체가 내게 온 선물이라 여기면서요.

하루하루의 생활이 어려움투성이인데도 선물이라 여길 수 있느냐고 반문하는 이가 있다면 그럼에도 난 "예스!"라고 하겠어요. 스스로 걸어 온 삶의 길을 돌아보면 대체적으로 그리 나쁘지 않았다고 자평합니다. 그러나 평균적인 생각으로 보면 꽤나 고달픈 면이 없지 않습니다. 좋은 부모였지만 내 성장의 모습을 지켜보지 못하셨고, 따뜻한 연애에 성공했던 기억도 없으며, 일에서는 성공이라 부르는 성취를 거두지도 못했으니까요.

써 놓은 단면만 보면 운이 없었다거나 안타깝다고 표현할 수도 있는 정황입니다. 그런데 사람이라는 존재가 그리 단순하지가 않고 그 생활은 더 복합적입니다. 따라서 같은 상황도 다양하게 해석될 수 있습니다. 보는 측면에 따라 다른 면을 발견할 수 있고요. 그러므로 인간의 삶을 절대적인 하나의 잣대로 재단할 순 없습니다. 적어도 나의 삶은 내 스스로 해석하고 이해해 줄 필요가 있어요. 타인의 평가 이전의 문제입니다. 이것은 내 존재와 삶의 방식과 그 목적에 대한 내 안의 줄기에 관한 이야깁니다.

타인이 평가하는 성공은 거두지 못할지언정 내 스스로가 인정하는 성공은 바라마지 않는 일입니다. 아무도 돌아보지 않는 옛 문자에 빠져서 "나 좀 멋진 것 같아!" 스스로를 위로하고 감탄하는 순간을 즐기고 싶고요. 그러니 나 역시 그처럼 멋있어지려고 사는 게 맞아요.

반창고

누가 알아주면 더 없이 좋겠지만 아니면 어때요. 내 스스로가 인정해 주는 나이면 충분하지요. 1등이 아니라도, 합격하지 못했어도 나의 발걸음은 내가 알잖아요. 잘 걸어 왔으면 된 거예요. 드러난 성과가 없어서 타인의 인정을 받을 수 없는 것도 서러운데 나마저 나를 알아주지 않으면 어떻게 해요. 토닥토닥 스스로를 위로하는 시간이 필요해요.

더불어 읽고 생각해 보면 좋을 이야기

공자가 안연에게 일러서 말하였다.
"쓰이면 가고 버려지면 조용히 지낼 수 있는 이는
오직 나와 그대 둘만이 가능할 것이다!"
자로가 물었다.
"선생님께서 삼군을 통솔하신다면
누구와 함께하시겠습니까?"
공자가 말했다.
"호랑이를 잡고 황하를 건너다 죽어도 후회가 없는 이와는
함께하지 않을 것이다.
반드시 일에 임하여 긴장하고 잘 계획하여 이루는 사람과
함께 할 것이니!"

　　논어, 술이 10: 子謂顔淵曰 用之則行 舍之則藏 惟我與爾 有是夫 子路曰 子行三軍則誰與 子曰 暴虎馮河 死而無悔者 吾不與也 必也臨事而懼 好謀而成者也.

공자가 말했다.
"거친 밥을 먹고 물마시고 팔을 굽혀 베고 누워도
즐거움이 그 가운데에 있는 것이다.
옳지 못하게 얻은 부귀는
나에게 뜬구름처럼 부질없는 것이다."

논어, 술이 15: 子曰 飯疏食 飮水 曲肱而枕之 樂亦在其中矣 不義而富且貴 於我 如浮雲.

안연과 계로가 공자를 모시고 있을 때에 공자가 말했다.
"어찌 그대들의 뜻을 말하지 않는가?"
자로가 말했다.
"수레를 타고 가벼운 갖옷 입는 것을 친구들과 함께 하다가 혹 망가지더라도 유감이 없기를 원합니다."
안자도 말했다.
"잘한 일을 자랑하지 않고 수고한 일을 떠벌이지 않고자 합니다."
자로가 "선생님의 뜻을 듣고 싶습니다."라고 하자 공자가 말했다.
"노인을 편안하게 해 주고 벗들에겐 신뢰를 주며 젊은이들은 잘 포용해주고자 한다."

공야장 25: 顔淵季路 侍 子曰 盍各言爾志. 子路曰 願車馬 衣輕裘 與朋友共 敝之而無憾. 顔淵曰 願無伐善 無施勞. 子 路曰 願聞子之志. 子曰 老者 安之 朋友 信之 少者 懷之.

'쓰기'의 쓸모

　새벽배송의 효용을 경험하셨나요. 하루가 넘어가기 한 시간 전쯤까지만 주문하면 다음 날 이른 아침에 주문한 물건을 받을 수 있는 온라인 상점의 서비스입니다. 포장재의 과다한 사용과 배달직원의 노동 시간이 문제라는 지적이 있었지만 아직 이 서비스가 위축되는 것 같진 않습니다. 오히려 이 서비스가 없던 기존 온라인 상점에서도 새벽배송 서비스를 추가하는 추세입니다.

　전반적으로 온라인 쇼핑의 영역은 점점 더 다양하게 확대되고 있습니다. 스마트폰만 가지면 어디서든 원하는 물건을 내 집으로 배송할 수 있습니다. 편리한 데다 저렴하기까지 합니다. 온라인 네트워크의 활용을 꺼리는 친구는 말합니다. 지금은 편하고 싼값에 물건을 구할 수 있다지만 시장 지형이 온라인 일색으로 정해지면 상황이 달라지지 않겠냐고요. 그렇게 되면 친구의 지적처럼 이번에는 사람들이 달라진 유통 체계에 꼼짝없이 종속되는 처지가 될지 모릅니다.

세상이 돌아가는 모양을 보면 그런 비관적 전망이 오히려 현실적이라 오싹한 기분입니다. 교육, 의료, 언론 등은 공공재이므로 시장에 맡겨서는 안 된다는 상식은 버려진지 오래입니다. 번쩍이는 신축 건물에다 새로운 기계를 들여 놓은 병원 경영진은 들인 돈을 반드시 회수해야 한다고 주장합니다. 환자는 돈이 되는 환자와 돈이 되지 않는 환자로 구분하고 수익 창출에 공헌할 환자를 우선으로 하는 것을 당연시 합니다. 드라마보다 더 드라마 같은 현실입니다.

대학도 돈이 되는 학과와 그렇지 못한 학과로 나뉩니다. 개별 학문 자체의 특성과 의의 따위를 따지는 것은 구태에 불과합니다. 역설적이지만 대학의 출발이 되었을 철학과 같이 경제 효용이 낮은 학과는 없애버리는 것이 마땅하고요. 전임교원은 가능한 최소로 유치하고 교묘한 이름으로 위장한 시간 강사들을 최대한 싼값으로 활용하여 경영 이익을 올리는 것이 미덕이 됩니다. 여기에서 학문과 인격의 가치는 시장의 교환가치로 결정됩니다.

인간들의 세상에는 돈으로 살 수 있는 것과 살 수 없는 것이 있습니다. 이 중 살 수 없는 것의 종류는 적지만 그것들은 인간의 삶에서 중요한 의미가 있다고 여겨졌습니다. 그런데 이런 생각이 훼손되는 오늘의 현실을 부정하기 어렵습니다. 화려하고 편하며 쉬운 것들이 나를 위해 유익한 것일까요.

대뇌의 앞부분에 위치한 전두엽은 기억력이나 사고력을 주관하는 영역입니다. 전두엽이 활성화되어야 이성적 사고나 좋은 판단, 감정 조절 등이 합리적으로 작동합니다. 운동을 통해 근육을 단단하게 하는 것처럼 전두엽의 기능도 활성화 훈련이 필요하다고 합니다. 말하고 읽고 쓰는 활동과 걷고 뛰고 스트레칭하고 손을 사용하는 신체 자극 등이 전두엽 활성화에 좋다고 하지요. 익숙한 길에서 벗어나 새로운 길을 가보고 새로운 메뉴나 식당을 찾아보는 것도 도움이 된다고 하고요.

나는 답답한 현실에서 오는 열패감의 치유법으로 글쓰기를 선택했습니다. 글쓰기가 전두엽을 활성화하는 훈련에도 좋다 하니 일거양득의 효과를 보는 셈인가요. 글을 쓰면서 현실을 좀 더 찬찬히 둘러 볼 수 있습니다. 더워진 마음을 식히는 데에도 일정한 효과가 있고요. "다른 사람이 알아주지 않더라도 평온한 마음을 가질 수 있으니 또한 군자가 아니겠는가."라고 했던 공자의 말이 스칩니다. 세상에는 이런 생각도 존재한다는 것을 이야기 해 보는 겁니다. 그리하여 "읽고 쓰는 능력이 내 안에 존재하고 있어서 참으로 다행이다!" 여깁니다.

반창고

화가 턱밑까지 차오를 때. 슬픔이 목구멍을 간지를 때. 답답함에 명치끝이 단단해질 때. 컴퓨터 자판을 마주합니다. 새로운 파일을 만들고 쏟아내 보는 거예요. 하고 싶은 이야기들을요. 혹 이런 이야기에 공감하는 이를 만날 수도 있고, 그들과의 연대도 가능하지 않을까. 꿈을 꾸면서요.

더불어 읽고 생각해 보면 좋을 이야기

공자가 말했다.
"군자가 널리 글을 배우고 예로써 요약할 수 있다면
역시 잘못되지 않을 수 있을 것이다."

   논어, 옹야 25: 子曰 君子博學於文 約之以禮 亦可以不畔矣夫.

증자가 말했다.
"군자는 글로써 벗과 만나고 벗을 통해 인을 돕는다."

   논어, 안연 24: 曾子曰 君子 以文會友 以友輔仁.

가치의 역설

배고플 때 먹는 라면 한 그릇은 더할 나위 없는 만족감을 줍니다. 그 순간 아무 것도 부럽지 않은 상태에 도달하지요. 이제 배는 부르지만 맛이 있으니 한 그릇 더해도 나쁘진 않을 거예요. 만족감은 첫 번째만 못하겠지만 그래도 좋은 기분입니다. 두 그릇의 라면을 먹은 뒤에 욕심을 내어 한 그릇을 더 먹는다면 어떨까요? 아마 긍정적인 기분보다는 불쾌감 쪽으로 전환될지도 모르겠네요. 보통의 식사량을 가진 이라면 말이에요.

언제라도 입맛을 다시게 하는 라면을 꼭 필요할 때 적당히 먹으면 만족감을 주지만 과하게 먹는다면 앞의 만족감은 불쾌감 쪽으로 바뀔 수 있습니다. 19세기의 경제학자들은 이런 현상을 한계효용체감의 법칙이라 정의했어요. 이런 정의를 처음으로 정리한 이가 독일의 경제학자인 허만 고센 Gossen, Hermann Heinrich

입니다. 동일한 재화를 반복적으로 소비할 경우 그 만족도는 정점에 이른 다음에는 오히려 하강하게 됩니다. 이것이 한계효용체감의 법칙입니다. 고센이 정리했다고 해서 이를 고센의 법칙[제1법칙]으로도 부르고요.

이 법칙은 '가치의 역설'이라는 현상을 해결하려는 맥락에서 탄생했습니다. 물이나 공기는 생명을 유지하기 위한 불가결의 요소입니다. 반면 다이아몬드는 일부사람들에게만 매력이 있는 물건일 뿐 아니라 생명을 유지하는 데에 어떤 작용도 하지 않는 물질이지요. 그런데 물이나 공기를 구하는 데에는 비싼 비용이 들지 않고 다이아몬드에는 엄청난 가격이 붙어 있습니다. 경제학에서는 이런 걸 '가치의 역설'이라 정의했어요.

사막이나 깊은 바다가 아닌 보통의 경우 공기나 물은 누구에게나 열려 있는 재화이지요. 가치 있는 물건이지만 흔하게 구할 수 있습니다. 반면 다이아몬드는 한정적 재화인데 그것을 구하고자 하는 이들의 욕구는 큽니다.

현실적으로 공기나 물은 싼 비용으로 효용[만족]이 충족되는 반면에 다이아몬드의 효용은 비싼 대가를 치러야만 얻을 수 있습니다. 그러니 상품의 가격은 그 사용가치에 의해 결정되는 것이 아니라 한계효용에 의해 결정된다고 설명했던 것이지요. 아무리 필수불가결하고 총효용이 높은 것이라도 공급량이 많으면 한계효용이 낮아지니 가격 역시 낮게 책정된다는 말입니다. 다이아몬드는 희소가치가 있기 때문에 한계효용이 높아지고 가격 또한 높게 결정된다는 것이고요.

　19세기의 경제학자들은 이렇게 가치[재화]의 역설 현상을 극복했어요. 21세기의 나는 사용가치와 교환가치라는 하나의 개념으로 담아낼 수 없는 또 다른 가치에 대해 생각해 봅니다. '관계', '사랑' '자존감' '행복' 같은 가치들은 경제학의 개념이나 법칙으로 설명이 불가하잖아요. 손에 잡히는 재화는 아니나 분명 사람들의 세상에 존재하는 것들입니다. 이들은 개념적으로는 추상적 가치이나 실제의 삶에서 구현되는 현실적인 가치이기도 하지요. 다만 계량화 할 수 없다는 특징을 지닙니다.

　분명한 것은 더 많이 사랑하고 또 사랑한다고 해서 세 그릇째 라면처럼 그 효용이 떨어지질 않습니다. 한계효용의 체감보다는 만족도의 질적 수준이 변화하겠지요. 그러니 그대, 내 삶의 질을 높이는 방향으로 걸어가고 있다면 어깨 처지지 말고 당당하게 가요, 우리.

반창고

아무리 맛있는 음식이라도 배가 차고 나면 시들해집니다. 욕심을 부려서 더 많이 먹다 보면 탈이 나고요. 물질적 재화는 한계효용체감의 법칙에 따르기 마련이에요. 그 많고 적음은 상대적인 것이기도 하고요. 하여 그 상대적 결핍감으로 괴로워하지 않으려고요. 그러기보다는 삶의 질을 높여 주는 가치를 눈여겨보렵니다.

더불어 읽고 생각해 보면 좋을 이야기

섭공이 자로에게 공자에 대해 물었는데
자로가 대답하지 않았다.
공자가 말했다.
"그대는 왜 '그 사람됨은 분발하여 먹는 것도 잊고 즐거워하여 걱정을 잊으며 늙음이 온다는 것조차 알지 못 한다'고 말하지 않았는가."

    논어, 술이 18: 葉公問孔子於子路 子路不對. 子曰 女奚不曰 其爲人也 發憤忘食 樂以忘憂 不知老之將至云爾.

공자는 다음의 네 가지를 끊었다.
사사로운 뜻을 내세우지 않았고,
반드시 해야 된다는 것이 없었으며,
한 곳에 고착되는 일이 없었고,
자신이 아니면 안 된다는 생각도 없었다.

    논어, 자한 4: 子絶四 毋意 毋必 毋固 毋我.

사마우가 군자에 대해 묻자 공자가 말했다.
"군자는 걱정이 없고 두려움도 없다."
사마우가 "걱정이 없고 두려움도 없으면
군자라 할 수 있는 것입니까?" 하니
공자가 말했다.
"내면을 돌아보아 거리낄 것이 없다면 무엇을 걱정하고 무엇을 두려워 할 것인가?"

> 논어, 안연 4: 司馬牛問君子. 子曰 君子不憂不懼. 曰 不憂不懼 斯謂之君子矣乎. 子曰 內省不疚 夫何憂何懼.

도전! 웰-에이징 well-aging

이천년에 태어난 이들이 이미 성인의 문턱을 넘어섰고 해가 바뀌면 20학번이 탄생합니다. 새 천 년의 시작을 축하하던 때가 엊그제 같은데 어느새 20년이 흘렀다니 그 시간의 속도가 비현실적으로 다가옵니다.

밀레니얼 세대 Millennials 라는 용어는 1991년에 나온《세대들, 미국 미래의 역사 Generations:The History of America's Future》에서 처음 언급되었습니다. 출생년도가 1980년대에서 2000에 이르는 사람들로 정보기술[IT]에 능하고 멀티테스킹 multi-tasking 에 능한 세대를 가리킵니다. 이후 이 세대에 대한 논의가 확장되면서 출생년도의 상한을 1996년으로 한정해야 한다거나 1980년대 생과 1990년대 생을 분리해서 이해해야 한다는 등의 의견이 나왔습니다. 근간에 많이 읽혔다는《90년생이 온다》에선 1990년대 이후 출생한 이들의 독특한 성향을 소개했습니다.

기성세대는 이들이 개인의 이익을 중요하게 생각하고 온라인에서의 관계에 익숙하며 조직문화의 부분이 되기를 꺼린다고 불평 아닌 불평을 늘어놓습니다. 그런데 어느 시대에나 기성세대의 눈에 신세대의 행동은 위태롭고 삐딱한 것이었습니다.

이제 20년대의 세상에서 몸통이 될 세대는 밀레니얼이라 불리는 이들입니다. 고용 감소와 일자리의 질 저하 등이 내재된 세계적 경제 위기의 시대를 살아내야 할 이들의 현실이 녹록지 않습니다. 어찌되었든 이들이 어른이 되어 사회 일선에 서는 오늘, 나이 앞자리에 5자가 달려버린 나의 자리, 그 세월의 무상함 앞에서 당혹스럽기만 합니다.

스무 살의 내가 생각했던 것보다 훨씬 빨리 서른이 되었고, 마흔은 불현 듯 눈앞으로 다가왔습니다. 그리고 오십은 더 비현실적인 속도로 내 옆에 서 있습니다. 앞으로 체감하는 시간의 속도는 점점 더 빨라질 것이 분명합니다.

40대 후반 즈음부터는 이제 더 이상 젊지 않다는 사실을 받아들이게 되었습니다. 그리고 '잘 나이 들기'에 대해 진지하게 생각하게 되었습니다. 이 문제는 아마도 이후 생의 화두가 될 것 같습니다. 쏜살같이 사라지는 시간이라지만 잘 들여다보면 나의 노고가 한 해 한 해의 시간 속에 켜켜이 스며있습니다.

그런데 힘들여서 나이를 더하는 것은 맞지만 인간적 성숙이 나이와 정비례하는 것은 아닙니다. 자칫하면 그 반대의 길로 가는 일도 생깁니다. 더 이상 젊지 않다는 자각이 가져다주는 상실감은 생각보다 클 수 있습니다. 외모의 변화와 저하된 체력 때문에 마음은 위축될 것이고요. 생산력이 떨어지니 이미 갖고 있는 것을 지키려는 욕심이 강해집니다. 그렇다고 호기심을 가지고 새로운 일에 도전하는 귀찮은 일을 선호할 리도 없고요.

그렇기 때문에 성숙한 인격을 향하는 길은 다소 험난할 것 같습니다. 외모는 더 이상 반짝이지 않더라도 품위 있는 인격으로 익어 가면 좋겠습니다. 아름답게 나이 들어가는 길이 거기에 있으니까요. 아름다움은 제 나이에 맞는 옷을 잘 챙겨 입었을 때 지켜집니다. 그러나 애쓰지 않으면 어느새 내가 그렇게 혐오해 마지않던 어른들 틈에 서 있을 수도 있으니 아찔한 일입니다.

반창고

'배철수의 음악캠프'란 라디오 프로그램은 근 30년 가까이 방송중입니다. 배철수씨는 30대로부터 환갑을 넘긴 지금까지 이 프로그램의 디제이입니다. 이 분은 왕년의 걸출했던 밴드 '활주로'와 '송골매' 시절에도 시대를 앞서가는 음악으로 젊은이들을 열광하게 했었지만 나이가 든 지금이 더 멋진 것 같아요.

근간의 한국 사회엔 좋지 않은 모습을 보여 주는 어른들이 너무 많습니다. 그래서도 나이에 맞는 좋은 모습을 보여 주는 어른들이 더 그립습니다.

더불어 읽고 생각해 보면 좋을 이야기

공자가 말했다.
"나는 열다섯 살에 학문에 뜻을 두었으며
삼십에는 삶의 목표를 세웠고
사십에는 의혹함이 없었으며
오십에는 천명을 알았고
육십에는 다른 의견을 잘 수용할 수 있었으며
칠십에는 마음이 하고 싶은 대로 해도 법도를 넘지 않았다."

   논어, 위정 4: 子曰 吾十有五而志于學 三十而立 四十而不惑 五十而知天命 六十而耳順 七十而從心所欲不踰矩.

공자가 말했다.
"군자에게 세 가지의 경계할 일이 있다.
혈기가 아직 안정되지 않았을 때에는 경계함이 이성에 관한 일이고
혈기가 바야흐로 강성해지면 경계함이 싸우는 것에 있으며
혈기가 이미 쇠하였을 때에는 경계함이 탐욕에 있다."

   논어, 계씨 7: 孔子曰 君子有三戒. 少之時 血氣未定 戒之在色 及其壯也 血氣方剛 戒之在鬪 及其老也 血氣 旣衰 戒之在得.

직관력 키우기

심리학자이며 행동경제학자인 대니얼 커너먼^{Daniel Kahneman}은 합리적 판단을 저해하는 요인으로 직관적 선택의 강한 힘을 제시했습니다. 그의 설명에 따르면 사람에게는 두 가지 판단 시스템이 존재합니다. 하나는 즉흥적으로 빨리 판단하는 경향으로 이를 시스템1이라 부릅니다. 이와 달리 천천히 깊이 생각하여 판단하는 경향이 있고 이를 시스템2라 합니다.

문제는 사람들이 판단과 선택의 장면에서 시스템1을 사용하는 경우가 압도적으로 많다는 겁니다. 그래서 비합리적인 선택을 할 확률이 매우 높아진다는 것이지요. 숙고해서 판단했다면 지금과 다른 선택을 했을 것이 분명한데 말입니다.

'이걸 사고 싶다.'는 생각에 이끌리면 그 구매욕은 좀처럼 뇌리를 떠나지 않습니다. 그 다음에 쓰는 시간은 구매욕에 대한 재고가 아닙니다. 이걸 사는 것이 내게 얼마나 이로운가를 스스로에게 설득하는 시간입니다. 구매에 대한 숙고가 아니라 '이것을 왜 사야만 하는가'에 대한 이유를 찾기 위해 잠시 지체하는 것일 뿐입니다.

인생은 판단과 선택의 연속입니다. 한 끼 밥을 먹고 여름 휴가지를 정하는 일에서부터 전공을 정하고 배우자를 만나는 일과 같이 제법 큰일에 이르기까지 모두 예외가 없습니다. 내게 주어진 선택지 가운데 하나를 선택함으로써 그려지는 지도가 곧 내 삶이 됩니다. 그런데도 행동경제학자들의 주장처럼 시스템1에 기대어 내 삶의 지도를 그려가고 있다고 생각하면 아찔한 느낌을 감추기 어렵습니다.

그렇다면 합리적 이성을 기반으로 하는 시스템2를 꺼내서 사용하려는 시도가 필요합니다. 이를 위해서라도 우선은 시스템1이 제대로 작동 할 수 있도록 훈련하는 쪽이 더 현실적인 방안일 것 같습니다. 양질의 직관력을 확보하는 방법을 모색하자는 겁니다. 이 과정이 잘 이루어지면 시스템1과 시스템2가 연동되어 상호 상승하는 효과를 기대할 수 있습니다.

그 시작점은 제1의 가치를 내 안에 들여 놓는 것입니다. 예컨대 내 마음에 비추어 거짓인 것을 선택하지 않는다. 내가 즐거울 수 있는 선택을 한다. 함께 가는 쪽으로 간다. 최대 효용을 추구한다. 이런 구체적 내용으로 선택의 자기 기준을 세우는 겁니다. 당연해서 별스러울 것 없어 보이지만 이게 보편적으로 적용되지는 않는 것 같습니다. 선택과 판단의 기준이 바깥에 존재하는 경우가 많거든요. 부모가 알려 준대로 또는 남들이 어떻게 평가할까를 고려해서 선택하다 보니 일관성도 없고 스스로를 소외시키기도 합니다. 나의 삶인데도 내 생각을 결여한 결정이 이루어지는 겁니다.

나는 무엇을 가장 중요한 것으로 여기며 살아야 하는가. 내 삶에서 포기할 수 없는 가치는 무엇인가에 대한 성찰을 통해 제1의 가치가 만들어집니다. 이것이 내 안에서 정리 되어 있다면 식관적으로 결정하는 일들이 일관성을 가질 확률이 높아집니다.

오늘은 좋은 선택을 연습하는 훈련의 장입니다. 그리하여 최선의 선택을 위한 고민으로 서성이는 나를 격려합니다. 이는 자신의 삶을 스스로에게 가치 있는 것으로 만들고자 하는 시간이기 때문입니다. 때론 과감하게. 때론 나만 보면서. 때론 가족을 고려하고. 때론 거짓이 아닌 것으로. 그리하여 결국 아름다운 선택이었기를 바랍니다.

반창고

"아주 오래 지난 어느 날에 나는 어디선가 한숨을 쉬며 이야기할 것입니다. 숲속에 두 갈래 길이 있었다고, 나는 사람이 적게 간 길을 택하였다고, 그리고 그것 때문에 모든 것이 달라졌다고."

프로스트Frost, Robert Lee의 〈가지 않은 길〉 마지막 구절이에요.

더불어 읽고 생각해 보면 좋을 이야기

좌우가 모두 현명하다 해도 아직 가하지 않고
모든 대부가 다 현명하다 해도 아직 가하지 않으며
나라 사람들이 다 현명하다고 한 뒤에
직접 살펴보시고 현명하다는 것을
확인한 다음에 쓰십시오.
좌우가 다 불가하다 해도 듣지 마시고
모든 대부가 다 불가하다 해도 듣지 마세요.
나라 사람들이 다 불가하다고 한 뒤에
직접 살펴보시고 불가하다는 것을
확인한 뒤에 버리십시오.
좌우가 다 죽여야 한다고 해도 듣지 마시고
모든 대부가 다 죽여야 한다고 해도 듣지 마세요.

나라 사람들이 다 죽여야 한다고 한 뒤에
직접 살펴보시고 죽일 만 하다고 판단한 뒤에 죽이신다면
이는 나라 사람들이 죽인 것이 됩니다.
이와 같이 한 다음에야 백성의 부모가 될 수 있습니다.

> 맹자, 양혜왕하 7: 左右皆曰賢 未可也 諸大夫皆曰賢 未可也 國人皆曰賢然後 察之 見賢焉然後用之. 左右皆曰不可 勿聽 諸大夫皆曰不可 勿聽 國人皆曰不可然後 察之 見不可焉然後去之. 左右皆曰可殺 勿聽 諸大夫皆曰可殺 勿聽 國人皆曰可殺然後 察之 見可殺焉然後殺之. 故曰國人殺之也. 如此然後 可以爲民父母.

유튜브 Youtube 홀릭의 시대

　　인터넷 포털 사이트의 검색엔진을 사용하는가, 유튜브 검색을 이용하는가가 올드에이지와 뉴에이지를 구분하는 잣대가 된다고 합니다. 검색은 그렇다 해도 세대를 불문하고 유튜브의 영상에 빠져있다고 밖에 표현하기 어려운 세태입니다. 이런 현상은 전철을 타보면 바로 확인할 수 있습니다. 전철 승객의 80% 쯤은 스마트폰을 주시하고 있고 그 중의 반 이상은 유튜브 영상을 관람하고 있거든요.

　　누구든 유튜브의 검색기능을 활용해서 원하는 정보에 쉽게 접근할 수 있습니다. 동영상으로 제공되는 정보는 글이나 말로 설명되기보다 분명하고 쉽게 전달됩니다. 유튜브 사이트 검색으로 이리저리 유영遊泳하며 몇 시간을 소비하는 것은 별스런 일이 아닙니다.

유튜브는 세계 최대의 동영상 공유 사이트입니다. 누구나 동영상을 만들어서 이 사이트에 올릴 수 있고 누구나 이 사이트에 올라 온 동영상을 시청할 수 있어요. 지금은 구글이 운영하고 있는 유튜브사의 창립 멤버는 페이팔PayPal의 직원이었던 채드 헐리Chad Hurley, 스티브 첸Steve Chen, 조드 카림Jawed Karim입니다. 이들이 회사를 세운 것이 2005년이었고 그 이듬해에 구글사는 우리 돈으로 약 2조원을 들여 이들의 회사를 인수합니다. 엄청난 액수의 돈이지만 2019년 한 해 동안 유튜브의 광고매출이 4,000억 원이 넘었다는 걸 보면 역시 구글의 현명한 투자였습니다.

유튜브에서 한국어가 지원된 것은 2008년부터입니다. 그 즈음에 시판된 스마트폰과 만나서 이제 십여 년 만에 구독자의 수가 엄청난 속도로 확장되었습니다. 많은 방문객수를 기록하는 유튜브 크리에이터가 의사를 제치고 아이들의 장래희망 직업 3위에 올랐답니다.

나로 말하면 포털 사이트의 검색엔진을 선호하고 유튜브 사이트 접속은 거의 없는 편이니 트렌드 밖으로 비껴나 있다고 할 수 있습니다. 그렇다고 문자를 통해 사유를 촉진하는 뇌를 활성화한 다음에 얻은 지식이어야 더 체계적이며 견고하게 받아들여질 수 있다는 식의 주장을 하는 쪽은 아닙니다. 오히려 지식을 습득하고 전달하는 형태도 사회변화와 함께 달라질 것으로 보는 시각에 동의합니다.

단지 생명력을 잠식하는 기운에 대한 걱정은 있습니다. 잠을 자거나 먹을 때를 빼곤 쉼 없이 움직이는 것이 특징인 젖먹이 아기에게 아이패드 화면을 보여줍니다. 아기는 순간 정지 모드가 됩니다. 정도의 차이는 있겠지만 이런 기현상은 남녀노소에게 모두 나타날 수 있습니다.

문자가 더 우월하다고 할 수는 없겠지만 지식과 정보를 습득하는 데에서 문자를 통한 방식도 여전히 유의미합니다. 전통의 방식은 후진적이고 새로 선보이는 기술만이 진보적이라는 의식은 편협한 것이고요. 우리 앞에는 여러 선택지가 있고 그 선택에 따라 다른 길로 가게 됩니다. 다양한 선택의 가능성은 열어 두어야 할 것 같습니다.

스마트폰 영상에 몰입하는 남녀노소에게서 생명력 박탈을 상상하는 것은 나의 노파심일 겁니다. 동영상에 빠진 신인류의 세태에서 문자의 죽음을 말하는 것은 기우에 불과할지 모르고요. 다만 알지 못하는 힘이 주문하는 대로 내가 끌려가는 것은 아닌가. 여러 가지 선택지가 있다는 것을 놓치고 있는 것은 아닐까. 내가 볼 수 있는 것이 이것뿐인가. 스스로에게 물어볼 시점은 맞는 것 같습니다.

반창고

드라마를 좋아해서 16부작 드라마를 단번에 보는 것이 그리 어려운 일이 아닙니다. 게임으로 밤을 지새우고 강의실에서 유체이탈을 증거 하는 분들도 목격했고요. 한 때 무엇에 빠져 보는 일도 그리 나쁘진 않겠지요. 그런데 한 때가 아니라 내 생활 전반이 누군가 권유하는 하나의 길로만 이어지는 것은 아닌가. 돌아보아야 합니다.

더불어 읽고 생각해 보면 좋을 이야기

공자가 말했다.
"옛것을 익숙하게 알고서 새로운 것을 알면
스승으로 삼을 만하다."
    논어, 위정 11: 子曰 溫故而知新 可以爲師矣.

공자가 말했다.
"군자는 그릇과 같이 한정되지 않는다."
    논어, 위정 12: 子曰 君子不器.

공자가 말했다.
"군자는 두루 원만하지만 한편에 치우치진 않는데
소인은 한편에 치우치고 두루 원만하지 못하다."

    논어, 위정 14: 子曰 君子周而不比 小人比而不周.

공자가 말했다.
"그것을 아는 것은 그것을 좋아하는 것만 못하고
그것을 좋아하는 것은 그것을 즐기는 것만 못하다."

    논어, 옹야 18: 子曰 知之者 不如好之者 好之者 不如樂之者.

공자가 구이에서 살고 싶다고 하자 어떤 이가 물었다.
"누추한 곳에서 어떻게 머무시겠습니까?"
공자가 말했다.
"군자가 살고 있는데 어찌 누추함이 있겠는가."

    논어, 자한 13: 子欲居九夷 或曰 陋如之何. 子曰 君子居之 何陋之有.

도파민과 옥시토신 사이에서

최근에는 호르몬의 작용으로 사람의 행동 특성을 설명하는 의견을 종종 보게 됩니다. 그들은 희로애락의 감정은 그저 호르몬의 장난일 뿐이라고 단언합니다. 이렇게 호르몬은 우리 생활에서 자주 소환되는 개념이 되었습니다. 호르몬^{Hormone}은 우리 몸 안의 여러 샘^{gland}에서 분비되어 다양한 생리현상과 행동을 조절할 수 있는 일련의 신호전달 분자입니다. 그러니까 호르몬은 기관과 조직 간 정보교환을 담당하며 나아가 신체의 생리적 기능과 항상성 유지에 필수적인 역할을 합니다.

호르몬이 영향을 미치는 현상은 거의 모든 생명현상이라고 해도 과언이 아닙니다. 소화, 대사, 호흡, 조직 기능, 감각 인지, 수면, 배설, 수유, 스트레스, 성장과 발달, 운동, 생식, 그리고 감정 등에도 모두 관여 한다고 하니 과연 그 영향의 광범위함을 알 수 있습니다.

남성호르몬인 테스토스테론^{testosterone}과 여성호르몬 에스트로겐^{estrogen}은 많은 이에게 익숙한 호르몬이지요. 사랑이라는 감정은 이 두 호르몬의 작용으로 생긴다 하고요. 화학자들의 사랑론에 따르면 이 두 호르몬이 작용하여 상대에게 이끌리는 것이 사랑의 첫 번째 단계입니다. 두 번째 단계는 상대에게 드디어 빠져들어 불꽃과 같은 사랑의 감정에 휘말리는 시기입니다.

이런 비정상의 행복감에 충만한 감정 상태에 놓이는 것은 우리 뇌에서 몇 가지 화합물의 생성이 활발히 진행되기 때문입니다. 이들 화합물 군을 모노아민계라 칭하며 노르에피네프린^{norepinephrine}, 세로토닌^{serotonin}, 도파민^{dopamine} 등이 여기에 속합니다. 노르에피네프린과 세로토닌은 흥분시키는 기능을 하고 도파민은 행복감을 느끼게 합니다. 따라서 이들에겐 사랑의 화합물이라는 별칭이 붙었습니다.

사랑의 유효기간을 말하는 것에서 알 수 있듯 일반적으로 위의 비정상적 달뜸으로 충만한 시기가 그리 오래 지속되지는 않습니다. 모노아민계 화합물의 작용에 시효가 있다는 것입니다. 그렇다면 이제 사랑은 끝난 것인가요. 아닙니다. 이제 '그런 불꽃 같은 사랑'이 지나면서 이전과 다른 국면으로 관계가 전이되는데 이를 사랑의 세 번째 단계로 정의합니다.

이때는 함께하는 데에서 만족을 느끼는 애착 관계로 발전합니다. 여기서는 옥시토신^{oxytocin}과 바소프레신^{vasopressin} 등의 두 호르몬이 활성화됩니다. 옥시토신은 '포옹화합물'이라 불리며 연인들 사이의 애착심을 강화하는 역할을 합니다. 모성애를 발현하게 하는 기능도 이 물질의 기능이고요. 화학자들이 설명하는 사랑의 3단계 이론은 진화된 방식으로 남녀의 사랑을 설명하는 이론입니다. 이는 어제와 달라진 상대의 행동을 해석하는 구체적인 하나의 관점을 제공합니다. 이를 통해 오늘처럼 달라진 관계가 그리 나쁜 것만은 아니라고 이해 할 수도 있습니다.

오늘은 fMRI[기능적 자기 공명 영상, Functional magnetic resonance imaging] 기술로 뇌의 상태를 들여다 볼 수 있는 시대입니다. 그렇다 해도 여전히 자신의 감정은 해석하기도 어렵고 조절하는 것도 쉽지 않습니다. 게다가 시시각각 아프고 힘든 일들이 나를 괴롭힙니다. 이럴 땐 아프고 힘든 상태에서 빠져 나와 그 정신을 쉬게 해 줄 필요가 있습니다.

예컨대 호르몬과 신경전달물질 같은 개념으로 분석된 인간의 감정을 읽어보는 것이 하나의 돌파구가 될 수 있습니다. 나의 감정을 건조한 화학식으로 풀어보면 '결국 별거 아니 잖아!'라고 할 수도 있으니까요. 과열된 감정을 식힌 다음 보다 안정적인 지점에서 다시 시작해 보는 겁니다.

반창고

좋은 글을 읽고, 산책을 하고, 좋은 이들을 만나고, 긍정적인 생각을 한다. 우리가 익히 알고 있는 몇몇 행동들은 내 안에서 좋은 신경물질의 생성을 촉진합니다.

늘 웃을 일만 있을 수는 없습니다. 그보다는 웃지 못 할 꼴을 만나는 일이 다반사입니다. 여기서 우리의 감정은 만성피로의 상태입니다. 좋은 생각과 기분 좋은 일을 찾아보는 것은 그런 피로 회복의 길로 나아가는 방법입니다.

희로애락의 감정을 잘 바라보고 지나친 데에서 빠져나오기를 연습하라는 제언은 이전 시대의 사상가나 오늘의 과학자들이 이구동성입니다.

더불어 읽고 생각해 보면 좋을 이야기

부유함은 집을 윤택하게 하고 덕은 몸을 빛나게 한다.
마음을 넓게 먹으면 몸이 보기 좋게 된다.
그러므로 군자는 반드시 자신의 뜻을
내실 있게 만들어야 한다.

　　대학, 제6장: 富潤屋 德潤身 心廣 體胖 故君子必誠其意.

수신은 마음을 바로 하는 것에 달려 있다는 것은,
자신에게 화내고 성나는 감정이 있으면
마음의 바름을 얻을 수 없고
무섭고 두려워하는 감정이 있어도
마음의 바름을 얻을 수 없으며
좋아하고 즐기는 감정이 있어도 마음의 바름을 얻을 수 없고
걱정 근심하는 감정이 있어도 마음의 바름을 얻을 수 없다.
마음이 제자리 있지 않으면
보아도 보이지 않고 들어도 들을 수 없으며
먹어도 그 맛을 알지 못한다.
이와 같은 것이 수신은 마음을 바르게 하는 것에
달려 있다고 하는 것이다.

> 대학, 제7장: 所謂脩身在正其心者 身有所忿懥 則不得其正 有所恐懼 則不得其正 有所好樂 則不得其正 有所憂患 則不得其正. 心不在焉 視而不見 聽而不聞 食而不知其味. 此謂脩身在正其心.

2020 아카데미상 후보*

　우리 영화 〈기생충〉이 아카데미상 6개 부분의 후보로 이름을 올렸다는 기사로 시끌시끌합니다. 후보에 오른 것만으로도 큰 의미가 있고 이는 우리 영화 100년 역사의 쾌거라고 합니다. 이 영화는 이미 칸영화제에서 황금종려상을 수상했고 골든글로브상에서도 외국어영화상을 받는 등 세계적으로 그 작품성을 인정받았습니다.

　모든 국제영화제의 수상이 어려운 일이지만 특히 아카데미상은 비영어권 나라의 영화가 넘보기 어려운 영역입니다. 이 상은 전년도에 발표된 미국 영화 및 미국에서 상영된 외국 영화를

---

* 〈기생충〉이 2020아카데미상 4개 부분의 수상을 하기 한 달 전에 쓴 글이다.

대상으로 하여 수상 후보를 정합니다. 전년도 1월 1일부터 12월 31일 사이에 LA 지역의 극장에서 1주일 이상 연속 상영되어야 한다는 조건을 만족해야합니다. 그러니 심사 대상이 되는 조건부터 대단히 까다롭습니다. 이 과정을 거쳐 후보로 오르는 단계는 좀 더 어려운 관문입니다.

아카데미상은 철저히 미국 중심의 영화제임이 분명하지만 그 영향력은 세계적입니다. 아카데미의 본상 수상 여부를 불문하고 우리 영화가 세계 영화가의 핫 이슈가 되고 있다는 소식은 기분 좋은 뉴스입니다.

이 영화는 작년 초여름 무렵에 개봉되었습니다. 개봉 되자마자 많은 사람들이 영화의 상징과 그 강렬한 영상에 대한 자신이 감상을 피력하였습니다. 학회를 위해 모인 사람들이 삼삼오오 영화의 감상평을 나누고 자신의 학문적 관심과 이 영화를 연결해서 설명하는 현장을 경험하기도 했고요.

많은 이들이 이 영화는 장면 곳곳에 배치된 상징적 요소들을 해석하는 재미가 압권이라는 감상평을 내 놓았습니다. 나는 이 영화의 중점이 매우 사실적인 이야기 전개에 있었다고 보았습니다. 다만 비루하거나 역겹고 때론 참혹한 현실을 판타지한 영상을 여과지 삼아 똑바로 바라볼 수 있도록 한 영상기술이 탁월했지요.

빈부격차는 나날이 심화되고 그 격차는 사회 구성원을 구획하며 각각의 구획은 이동이 불가한 계층으로 단절되는 현상은 글로벌한 것입니다. 〈기생충〉이 세계적 호응을 얻을 수 있었던 것도 그 주제의 보편성에 기대고 있을 겁니다. 우리나라의 경우 상위 1%가 전체 부동산의 50% 이상을 소유하고 전체 소득의 20%이상을 차지합니다. 폭을 좀 더 넓혀서 상위 10%에 해당하는 이들이 가진 것을 제외하면 부동산이고 소득이고 남는 것이 별반 없다는 것을 수치로 확인할 수 있습니다.

우리는 1996년에 경제협력개발기구[OECD]의 29번째 회원국이 되었고 이제 1인당 국민소득이 3만 달러를 넘어서는 경제규모를 자랑합니다. 그런데 나라의 경제규모가 커진 만큼 국민들의 생활이 좋아진 것 같지는 않아요. 바로 소득 격차의 문제가 그 안에 가로놓여 있기 때문이겠지요.

오늘의 사람들에게 주어진 과제는 양적 성장보다 그 분배에 관한 문제입니다. 빈곤문제를 연구한 아비지트 배너지Abhijit Banerjee와 에스테르 뒤플로Esther Duflo가 2019년 노벨경제학상을 수상한 것에서도 알 수 있는 것처럼 분배의 문제는 세계적인 이슈입니다.

반창고

아카데미상 관련의 굿뉴스가 실린 같은 화면에 180kg의 손수레를 끄는 할머니 이야기도 있었어요. 할머니의 점심은 두유와 빵 하나였고, 180kg의 고물은 오천 원으로 교환되었답니다.

내 코가 석자라고 누구에게나 자신의 발목을 잡고 있는 현안이 있습니다. 그럼에도 불구하고 내가 발 딛고 있는 곳을 좀 더 넓혀서 바라 볼 필요도 있습니다. 나와 연결된 공간이니까요.

《20 VS 80의 사회》를 쓴 리처드 리브스 Richard V. Reeves는 불평등 문제를 해결할 수 있는 열쇠는 20%에 속한 사람들에게 달려있다 했지만, 문제를 문제로 인식하는 사람들의 폭이 넓어지는 것도 의미가 있을 겁니다.

더불어 읽고 생각해 보면 좋을 이야기

왕이 말했다.
"왕도정치에 대해 들을 수 있을까요?"
대답하여 말했다.
"옛날 문왕이 기산에서 다스릴 때 농민에게는 1/9세를
내도록 했고 벼슬하는 이에게는 대대로 녹을 주었으며
접경의 시장은 기찰만 하고 세금을 징수 하지 않았고
연못에서 그물 놓아 고기 잡는 것을 금하지 않았으며
죄를 처자에게 연결하지 않았습니다.
늙었는데 처가 없는 이를 환이라 하고
늙었는데 남편이 없는 이를 과라 하며
늙었는데 자식이 없는 사람을 독이라 하고
어려서 부모가 없는 이를 고라 합니다.
이 네 종류의 사람은 천하의 불쌍한 백성으로 하소연할 데
없는 이들입니다.
문왕이 정치를 하여 인을 시행할 때
반드시 이 네 종류의 사람들을 우선으로 하였습니다.
《시경》에서는 '넉넉한 이는 괜찮지만 이 의지할 데 없는
이들이 슬프구나'라고 노래했습니다."

맹자, 양혜왕하 5: 王曰 王政可得聞與. 對曰 昔者文王之治岐也 耕者九一 仕者世祿 關市 譏而不征 澤梁無禁 罪人不孥. 老而無妻曰鰥 老而無夫曰寡 老而無子曰獨 幼而無父曰孤 此四者 天下之窮民而無告者. 文王發政施仁 必先斯四者. 詩云 哿矣富人 哀此煢獨.

신라의 공주와 페르시안 왕자

2020년 새해 벽두, 미국의 드론 공격으로 이란의 솔레이마니Qasem Soleimani가 살해되었다는 소식으로 세상이 시끌벅적했습니다. 솔레이마니는 이란 군부의 실권자로 정치적 영향력이 큰 인물입니다. 이란이 결사항전을 불사하겠다는 의지를 표명하는 가운데 미국은 동맹국들에 원병을 요청하고 곧 큰 일이 벌어질 것 같았습니다. 미국이 우리나라에도 지원병을 요청할 것이라는 소문이 돌고 우리는 단호하게 거절해야 한다는 여론이 부글대던 차에 이란 정부의 실수로 일단 일촉즉발의 사태는 진정되었습니다.

이런 소용돌이 속에서 이란에 대해 살펴보게 되었습니다. 이란에 대한 나의 지식은 중동 지역 석유 보유국이며 이슬람 국가라는 정도가 전부더군요. 그런데 정보들을 좀 찾아보다 보니 꽤 흥미로운 기록이 많았습니다. 우리나라와 연관된 일들도 보이고요. 이란은 기원전 4,000여 년 전의 역사 유적이 발견되는 등 유서가 깊은 민족입니다. 3세기 초 사산왕조가 건국된 이후 400여 년 간에는 전에 없던 영화를 누렸다 하고요. 이후 7세기에서 16세기 시작 무렵까지는 타민족의 지배를 받는 혼란과 고난의 시대를 거칩니다. 1502년 사파피왕조 이후 강력한 이란민족의 국가가 형성되었습니다.

현대로 접어들어서는 1차 세계대전 이후 영국의 보호령이 되는 국난을 겪었고 이후 현재에 이르기까지 줄곧 이슬람 교파 간의 분쟁과 미국과의 갈등을 사회문제로 내재하고 있습니다. 이슬람 교파 중 소수파인 시아파가 주류를 이루고, 15개 나라와 국경이나 바다를 접하고 있는 지정학적 위치에 있습니다.

반전의 정보는 우리나라 드라마가 유례가 드문 인기를 누린다는 것이었어요. 2006말에서 2007년 사이에 방영된 〈대장금〉은 90%에 달하는 시청률이었다니 놀라운 일입니다. 이후 방영된 몇 편의 드라마 역시 80% 내외의 시청률 고공행진이라 하고요. 우리보다 우리 드라마를 좋아하는 사람들이 사는 나라였던 것입니다.

더 신기한 사실은 '퀴시나메^{Kush-name}라는 대서사시에 보이는 신라 공주와 결혼한 페르시안 왕자의 이야기였습니다. 퀴시나메는 구전되던 시였는데 11세기에 문자로 정리한 것이 전해집니다. 원래 이 이야기에 나오는 동양의 공주는 일본인이었을 것으로 추정했었는데 2010년에 발견된 새로운 자료에 따라 그 공주는 신라인으로 확인되었습니다. 현재 영국도서관에 소장 중인 쿠쉬나메 원문의 해독, 번역 작업이 한국과 이란 학자들의 공동 작업으로 진행 중이라 합니다.

사산조 페르시아가 멸망하자 왕자 아비틴은 중국을 거쳐 신라로 망명합니다. 신라에서 여러 도움을 받고 본국으로 돌아가는 아비틴 왕자의 곁에는 신라 공주 프라랑이 동반합니다. 귀국 도중에 두 사람의 2세가 태어납니다. 파리둔 왕자입니다. 왕자 탄생 전 아비틴의 꿈에 "장차 태어날 왕자가 바그다드의 자하크[아랍의 폭정자]를 물리치고 이란인의 복수를 해줄 것"이라는 계시가 있었다 합니다.

아비틴은 귀국 후 얼마 지나지 않아 전사합니다. 그러나 잘 성장한 파리둔은 아버지 꿈에 보였던 계시를 현실화 합니다. 신라 공주와 페르시안 왕자 사이에서 태어 난 이가 이란 역사의 주요 인물이 되었다는 이야기입니다. 이 이야기가 사실의 기록은 아니라 해도 그 민족의 문화 원형을 그려내는 자원임은 분명합니다.

이란과의 전쟁을 대비하는 미국이 우리에게 병력을 요청할 것이라는 뉴스로 부아가 치밀던 내가 잘 알지 못하던 나라, 이란을 둘러보게 되었어요. 그리고 생각보다 연결고리가 많은 두 나라의 역사에 대해 생각해 볼 기회가 되었습니다.

반창고

누군가가 쥐어 주는 것만 소유하고, 다른 이가 요청하는 방식으로 세상을 바라보는 것의 좁은 시야를 돌아봅니다. 세상의 일과 사람의 삶에 대한 답이 하나로 정해질 수는 없습니다. 보는 시야가 좁아지면 나의 생각도 옹색해집니다. 옹색한 시야에 갇힌 나의 생활은 숨이 막힐 지경으로 답답해질 것이고요.
배로부터 끌어올리는 깊은 호흡을 몇 차례 해봅니다. 그런 다음 평소 가지 않았던 길로 발걸음을 옮겨 봅니다.

더불어 읽고 생각해 보면 좋을 이야기

공자가 말했다.
"여럿이 모여 하루 종일 함께 있는데
하는 말이 의에 미치지 못하고
사사로운 지혜 쓰기를 좋아한다면
어려울 것이다!"

　　논어, 위령공 16: 子曰 群居終日 言不及義 好行小慧 難矣哉.

공자가 말했다.

"유야. 여섯 가지 좋은 말과 여섯 가지 폐단에 대해 들었느냐?"

자로가 대답했다. "아직 듣지 못하였습니다."

"앉거라 내 너에게 말해 주겠노라.

인을 좋아하는데 배우기를 좋아하지 않으면

그 폐단은 어리석음이고

지혜를 좋아하는데 배우기를 좋아하지 않으면

그 폐단이 방탕함이며

믿음을 좋아하면서 배우기를 좋아하지 않으면

그 폐단은 해치는 것이고

정직함을 좋아하나 배우기를 좋아하지 않으면

그 폐단은 숨 막히게 되는 것이며

용기를 좋아하나 배우기를 좋아하지 않으면

그 폐단은 어지러워지는 것이고

강함을 좋아하나 배우기를 좋아하지 않으면

그 폐단이 경솔함이다."

논어, 양화 8: 子曰 由也 女聞六言六蔽矣乎. 對曰 未也. 居 吾語女 好仁不好學 其蔽也 愚 好知不好學 其蔽也 蕩 好信不好學 其蔽也 賊 好直不好學 其蔽也 絞 好勇不好學 其蔽也 亂 好剛不好學 其蔽也 狂.

그럼에도 불구하고, 마이웨이

내게 주어진 일을 했을 뿐인데 손해 본 느낌에 힘이 빠질 때가 있어요. 왜 저들은 나와 같이 자신이 맡은 일을 하지 않을까요. 불만의 감정이 욱신욱신 마음을 불편하게 합니다. 프랑스의 농업기술자 링겔만^{Ringelmann}은 재미있는 실험을 합니다. 이미 한 세기 전의 일이긴 합니다만 그리 녹슨 이야기는 아닐 것 같군요. 줄다리기에서 힘을 쓰는 경향에 대한 실험이었습니다. 한 명, 두 명, 네 명, 여덟 명을 한 팀으로 줄다리기를 하게 합니다. 한 사람이 줄다리기를 할 때 쓰는 힘을 100%라 할 때 팀의 숫자가 둘이 되면 힘의 크기는 200%일 것 같지만 93%×2 만큼의 힘만 쓰는 것으로 관찰되었습니다.

팀원의 숫자가 늘어날수록 사용하는 힘도 현격하게 줄어서 4명이면 77%, 8명이 되면 49%의 힘만 쓰는 것으로 밝혀집니다.

집단이 커질수록 성과에 대한 1인당 공헌도는 낮아진다는 것을 밝힌 실험이었고 이런 경향을 링겔만 효과$^{\text{Ringelmann effect}}$라고 합니다. 내가 안 해도 누군가는 할 일이고 내가 더 한다고 해서 누가 인정해 주지도 않을 바에야 최선을 다할 필요가 있겠냐는 심리를 증명하는 실험이었습니다. 링겔만 효과는 당연히 경제학과 경영학의 실제에서 하나의 화두가 되었습니다. 이런 현상을 개선하기 위한 다양한 시도들이 행해졌고요.

여럿이 모여 하는 일에서 링겔만 효과만 나타나는 것은 아닙니다. 시너지 효과$^{\text{synergy effect}}$라는 것도 있으니까요. 상승효과라고 번역되는 개념입니다 기업에서 생산, 광고, 개발, 유통 등의 여러 요소를 다면적으로 활용하여 상승효과를 거두는 현상을 가리키지요. 넓게 여러 요인이 함께 작용하여 하나씩 작용할 때보다 큰 효과를 내는 것으로 이해되는 개념입니다. 이제는 기업뿐 아니라 다양한 장면에서 이 개념을 사용합니다.

그러니 수학의 차원이 아닌 현실에서는 1+1이 1이 될 수도 있고 5가 될 수도 있겠습니다. 나는 1 이상을 감당했는데 다른 사람은 1에 못 미치는 역할만 했다고 해서 내가 한 부분에 대해 허탈해 할 필요는 없는데도 이게 마음과 같질 않습니다. 제 역할을 하지 못한 이가 문제이지 역할을 충분히 해낸 나는 칭찬받아 마땅한 일이지요. 그런데 마치 스스로가 바보가 된 것처럼 느껴지고 자신을 책망합니다.

큰기러기는 툰드라 지대의 혹한을 피해 겨울을 나기 위해 우리나라로 오는 겨울철새입니다. 이들은 장거리 비행에 V자 대형을 유지하며 전진합니다. V자의 꼭대기에 선 선두 기러기는 날개를 힘차게 저어 기류를 활성화 시킵니다. 그러면 뒤따르는 기러기들이 대기의 저항을 덜 받으면서 날 수 있지요. 후미의 기러기들은 우우 소리를 내어 선두 기러기를 격려합니다. 선두에서 이끄는 기러기는 하나로 정해진 것이 아니라 그날의 컨디션에 따라 교대로 정합니다. 수만 킬로 먼 길을 함께 비행하는 새들의 지혜가 새삼 돋보이는 걸요.

링겔만 효과를 타개하는 가장 좋은 방법은 무엇일까요. 돈으로 성과급을 지급하는 것일까요. 아닙니다. 여러 실험의 결과 그가 하는 일의 가치를 인정해 줄 때 링겔만 효과에서 벗어나 시너지 효과로 가는 정도가 가장 컸다고 합니다. 마치 선두의 기러기를 응원하는 다중의 인정이 맨 앞에서의 고난을 헤쳐가게 하는 것처럼 말이지요. 그러니 우선은 내 스스로가 내가 선택해서 가고 있는 이 길의 가치를 인정해 주면 좋겠습니다. 누가 알아주거나 그렇지 않거나 간에 내겐 의미가 있는 움직임이었다고 자평하는 것이죠. 다른 이의 행보와 비교하기에 앞서 스스로를 인정하고 격려해 주는 겁니다.

반창고

보통 사람에게는 인정 욕구가 있습니다. 애써 한 일에 대해 칭찬 받고 그로 인해 우쭐해지는 순간은 그간의 노고를 잊게 하는 마법 같은 순간입니다. 이런 달콤함을 져버릴 수는 없겠지요. 그러나 혹 정당한 평가를 받고 그에 상당하는 보상을 얻지 못할지라도 스스로를 자책하진 말자고요. 일단은 내 스스로를 격려하는 단계를 거치도록 하는 것이 좋겠습니다.

더불어 읽고 생각해 보면 좋을 이야기

공자가 말했다.
"내면의 덕을 닦지 않는 것,
배운 것을 스스로 연구하지 않는 것,
옳은 일을 듣고도 실천하지 않는 것,
좋지 못한 부분을 고치지 못하는 것,
이것들이 나의 걱정거리이다."

 논어, 술이3: 子曰 德之不修 學之不講 聞義不能徙 不善不能改 是吾憂也.

공자가 말했다.
"성인이 되고 인을 완성하는 일을 내가 어떻게 감히 바라겠는가만 단지 그렇게 되고자 노력하는 일을 싫증내지 않고 그 곳을 향하도록 사람들을 일깨우는 일을 게을리 하지 않았던 점을 말할 수 있을 뿐이다."
공서화가 말했다.
"바로 이것이 우리 제자들이 따라갈 수 없는 바이다."

 논어, 술이 33: 子曰 若聖與仁則吾豈敢 抑爲之不厭 誨人不倦 則可謂云爾已矣. 公西華曰 正唯弟子 不能學也.

자하가 말했다.

"날마다 자기가 갖지 못한 것을 알아차리고
달마다 자기가 할 수 있는 것을 잊어버리지 않는다면
배움을 좋아한다고 할 만 하다."

   논어, 자장 5: 子夏曰 日知其所亡 月無忘其所能 可謂好學也已矣.

읽고 쓰며

'아니오'라 할 수 있는 자유

　모두가 좋다고 합니다. 그것이 옳은 길이 아닌 것은 명백합니다. 그런데도 모두가 좋다고 하니까 아니라고 말할 용기는 나지 않고요. 튀는 것보단 의견을 감추는 것이 낫다고 판단하여 다수 의견에 동의하거나 침묵합니다. 이렇게 되면 내 마음은 평온할 수 없습니다. 자유롭지 못한 선택을 했으니까요.

　자유에 대한 정의 중에 '자유란 아닌 것을 아니라고 말할 수 있는 환경이 보장된 상태'라는 정리를 좋아합니다. '이태원 클라쓰'의 새로이가 '소신의 대가가 없는 삶'을 살고 싶다고 말한 것과 같은 맥락입니다. 개인의 권리를 이야기 할 때 가장 먼저 확보되어야 할 가치는 단연 자유입니다. 그런데 민주주의가 상식이 된 시대를 살고 있는 내가 자유를 누리며 살고 있을까요.

　무더운 여름날입니다. 젊은 부부가 아내의 친정을 방문합니다. 장인은 왕복 120킬로가 넘는 거리를 이동해야 하는 식당에서의 식사를 제안합니다. 당연히 소문난 좋은 식당이었겠지요. 장모도 좋은 생각이라고 동의합니다. 딸도 기대된다고 말합니다. 이런 분위기라면 사위도 다수의 의견에 따를 수밖에요.

공교롭게 차의 냉방장치에 문제가 생겨 이들은 찜통 같은 두 시간을 견디며 이동해야 했습니다. 엎친 데 덮친 격으로 유명한 그 식당의 음식은 소문과 달리 형편이 없었고 종업원의 서비스까지 엉망이었다니 그들의 심정이 어땠을지는 상상이 가고도 남습니다. 상한 기분을 안고 찜통차로 돌아오는 길엔 드디어 모두의 감정이 폭발합니다.

이 식당을 추천했던 장인은 자신이 꼭 오고 싶었던 건 아니었으나 딸 내외의 방문 이벤트로 제안했었던 것뿐인데 아무도 이 무리한 제안을 말리지 않아서 실은 당혹스러웠다고 합니다. 장모 역시 자신이 할 말이라고 언성을 높입니다. 분위기를 깨는 게 싫어서 동조를 했을 뿐이라고요. 딸 내외 역시 오랜 만에 만난 어른들의 기분에 맞춰주기 위해 억지로 동의했었다고 볼멘소리입니다.

결국 그 무더운 날 왕복 4시간을 차로 움직여야 하는 식사 계획을 진심 원했던 이는 한 사람도 없었다는 이야기입니다. 이 이야기로부터 제리 B. 하비^{Jerry B. Harvey}는 '애빌린의 역설^{Abilene}

paradox'을 말했습니다. 애빌린의 역설은 한 집단의 결정이 누구도 원치 않는 것으로 결정되는 역설적인 상황을 가리킵니다.

한 사람이라도 이렇게 더운 여름날에 식사를 위해 왕복 4시간을 차로 이동하는 건 무리일 것 같다는 의견을 내었다면 상황은 많이 달라졌을 겁니다. 적어도 자동차의 냉방장치 고장을 확인하는 순간에라도 말이지요. 이들의 본심을 가린 행동은 당연히 상대를 배려하는 선의에서 비롯된 것입니다. 그러나 환경을 고려한 사태판단이 되어야 결국 의미 있는 배려를 할 수 있습니다. 그러니 이들의 일화는 지혜롭지 못한 배려의 한 예입니다.

그러니 때로는 모두가 좋다고 할 때 '아니요'라고 외칠 수 있는 용기는 모두를 위해 득이 될 수 있는 행동입니다. 여기서 용기를 말하는 것은 튀는 행동을 꺼리는 보통 사람들의 성향 때문입니다. 이런 튀는 행동으로 인해 혹 불이익이 있지 않을까, 사람들에게 소외되지 않을까 하는 두려움이 만든 성향입니다. 하긴 밀레니얼 세대들은 이런 성향에서 벗어나 있다고들 하니 개선의 여지가 있을 것도 같고요. 암튼 솔직한 의사소통은 모두를 위해 반드시 필요한 절차입니다.

좋은 것들치고 거저 얻어지는 일은 없습니다. 자유라는 가치도 예외가 아닙니다. 하여 때로 '아니요'라고 할 수 있는 용기를 배우고 싶습니다.

반창고

점심 회식이 어떨까요? 반드시 저녁시간이어야 한다면 간단한 식사 후에 공연관람은 어떨까요. 누군가 이런 제안을 해주면 많은 이들이 박수를 칩니다. 대다수의 사람들이 기존의 회식문화를 달갑지 않게 여겼지만 솔직한 의견을 내지 못했으니까요. 그러나 지금은 이런 새로운 회식 문화가 특별한 것이 아닙니다.

변화가 거저 만들어지진 않습니다. 계기를 만들어야 해요. 그러니 용기 내어 "아니요"라고 했던 나의 용기를 칭찬해 줍니다. 참 잘했어요.

더불어 읽고 생각해 보면 좋을 이야기

옛날에 증자가 자양에게 일러서 말했다.
"그대는 용기를 좋아하는가?
내 일찍이 선생님께 큰 용기에 대해 들은 적이 있다.
스스로 돌아보아 바르지 않다면
비록 천한 사람이라도 내 두려워하지 않겠는가.
스스로 돌아보아 바르다면
비록 천만인이라도 나는 가서 대적할 것이다."

　맹자, 공손추상 2: 昔者 曾子謂子襄曰 子好勇乎 吾嘗聞大勇 於夫子矣. 自反而不縮 雖褐寬博 吾不惴焉. 自反而縮 雖千萬人 吾往矣.

우울, 정면에서 바라보기

　　세 집 걸러 한 집이 1인 가구의 시대입니다. 이혼이나 사별로 독거노인이 된 이들을 비롯하여 미혼의 독거청년과 장년의 독거인들, 세대를 불문한 1인 가구가 흔한 이웃의 풍경이 되었습니다. 독거인은 밥을 먹고 잠을 자고 휴식을 하는 집안에서의 모든 생활을 혼자서 해결해야 합니다. 당연히 생활에 필요한 크고 작은 일들의 결정도 직접 해야 하고요.

　　혼자라서 자유롭고 편한 일상이 보장되는 이면에는 가족으로 연결되지 않은 시간을 견뎌야 하는 고독의 순간이 존재합니다. 물론 누구의 간섭도 없이 혼자인 상태를 좋아해서 이를 충분히 누리는 이들도 있습니다. 그러나 일반적으로는 연결되지 않은 상황에서 오는 불안감을 내재하고 있습니다. 그래서 그 불안하고 불편한 결점을 보완하기 위한 방법을 찾습니다. 집에서 혼자 머무는 시간을 줄이기 위해 다양한 바깥 활동을 만들기도 합니다. 예컨대 '밥을 같이 먹는 모임'은 매우 구체적으로 1인 가구의 결핍을 드러내는 동시에 그것을 극복하려는 의지를 보여줍니다.

오늘의 많은 독거인들은 이렇게 다양한 방식으로 자신이 처한 상황에 지혜롭게 대처하고자 합니다. 1인 가구라는 자신의 실존을 외부로부터의 봉쇄로 정의하지 않으려는 노력이랄까요. 1인 가구를 선택한 것이 사회와의 차단을 의미하는 것이 아님을 스스로 증명하려는 것이지요.

지금 중국의 우한은 코로나19의 발생지역으로 도시 전체가 봉쇄되었습니다. 다른 도시로 전염이 확대되는 것을 막기 위한 중국식의 조치입니다. 그렇게 인구 천만 명이 넘는 큰 도시가 외부로부터 강제로 차단되었습니다. 마음 아픈 일입니다. 전영병에 대한 공포와 불안의 중심에 던져진 그 도시의 사람들이 아파트 창문을 열고 "우한 힘내라!" 외치며 서로를 격려하는 영상을 보았어요. 울컥하게 하는 장면입니다. 서로 연결된 사람들이 있으니 연대하여 잘 견디자는 뜻을 그 짧은 구호에 담고 있는 것이잖아요.

요즘 핫 이슈인 봉쇄된 우한의 소식을 들으며 연결을 끊는 것의 위험함에 대해 다시 생각하게 되었습니다. 이런 생각이 점점 늘어나는 1인 가구에 대한 관심으로 연결되었고요. 요컨대 혼자 사는 것이 사회로부터의 차단을 의미해서는 안 된다는 겁니다. 1인 가구 당사자에게도 그렇고 1인 가구를 바라보는 이에게도 동일하게 요구되는 생각입니다.

여러 가족들과 생활하면 해소의 시간이 존재합니다. 상대적으로 신경 써야 할 일들이 그 관계 안에서 일어날 테니까요. 자신의 문제를 접어 두고 고려해야 할 일들이 적지 않을 겁니다. 1인 가구처럼 온전히 혼자서 결정하고 해결하는 방식과는 많이 다릅니다.

혼자서 결정하고 해결해도 되는 자유의 이면에는 고독과 외로움의 문제가 도사리고 있어요. 그 양면 중에 좋은 쪽만 선택할 수는 없습니다. 그러니까 외로움의 측면과 거기서 오는 우울감까지 안고 가야합니다. 그것까지 인정하고 적절하게 대처할 수 있어야 독거인으로서의 건강한 일상이 보장될 것이니까요. 그러니 외로움과 우울한 감정을 못 본 채 하지 말고 그것을 잘 넘길 수 있는 방법을 찾아야 합니다. 피하지 말고 즐기라는 말에는 자신이 처한 전체 상황을 받아들이라는 뜻이 들어 있습니다.

반창고

혼밥이라고 너무 쉽게 해치우지 말아요. 한 그릇 음식이라도 예쁜 그릇에 담아서 반드시 식탁에 올려놓고 천천히 먹는 겁니다. 가끔 친구를 초대해서 티타임을 갖고요. 같은 동네에 사는 이들과 취미를 공유하는 모임을 만들어 보고요. 요가나 댄스 클래스에서 운동도 하고 가벼운 대화를 나눌 수 있는 부담 없는 친구를 만들어 보는 것도 좋아요.

자기 자식, 자기 가족에 갇히지 않을 수 있어서 오히려 더 큰 세상을 볼 수 있는 환경입니다. 연결과 연대에 대해 더 절실한 의미를 지닐 수도 있고요. 놓치지 말아요, 이 기회를.

더불어 읽고 생각해 보면 좋을 이야기

공자가 말했다.
대개 알지 못하면서 일을 저지르는 경우가 있는데
나는 그렇게 하지 않는다.
많이 듣고 그 중에 좋은 것을 택하여 따르고
많이 보고 잘 기억하는 것이 앎의 차선책이다."

    논어, 술이 27: 子曰 蓋有不知而作之者 我無是也. 多聞擇其善者而從之 多見而識之 知之次也.

공자가 말했다.
"성인은 내가 만나 볼 수 없지만
군자라도 볼 수 있으면 좋겠다."
(공자가 말했다.) "좋은 사람을 내가 만날 수 없지만
한결같은 이라도 만나보면 좋겠다.
없으면서 있는 것처럼 행동하고
비어있으면서 가득 찬 듯이 하며
가진 것이 보잘 것 없는데 과장되게 행동하는 이는
한결같이 행동하기 어렵다."

    논어, 술이 25: 子曰 聖人 吾不得而見之矣 得見君子者 斯可矣. 子曰 善人 吾不得而見之矣 得見有恒者 斯可矣. 亡而爲有 虛而爲盈 約而爲泰 難乎有恒矣.

확증편향 경계

 2015년에 우리는 '메르스 사태'를 건너왔습니다. 이전 정부의 불합리한 대처로 일을 키웠던 기억이 생생하고요. 한국-세계보건기구[WHO] 합동평가단은 한국 정부가 정보 공개를 늦춘 탓에 초기 중동호흡기증후군[메르스] 방역 정책의 실패를 불러왔다고 평가하기도 했습니다.

 이 전염병은 메르스 코로나바이러스$^{MERS-CoV}$의 감염에 의한 바이러스 질환으로, 2012년 4월부터 사우디아라비아 등 중동 지역을 중심으로 주로 감염자가 발생한 급성 호흡기 감염병입니다. 우리나라에서는 2015년 5월 첫 감염자가 발생해 186명의 환자가 발생했으며, 이 중 38명이 사망 했었지요. 어이없게도 당시 우리는 전 세계에서 사우디아라비아에 이어 메르스 환자가 두 번째로 많이 발생한 국가라는 오명을 안은 바 있습니다.

2020년 설날을 앞두고 또 한 번의 전염병 소식으로 세상이 떠들썩합니다. 작년 12월 중국의 우한에서 첫 환자가 발생했다는 전염병입니다. 사우디아라비아에서 발생했던 메르스 코로나바이러스의 전파 때와는 비교도 안 될 정도로 대량의 환자들이 우한과 그 주변도시에서 발생하였습니다. 중국 정부는 인구 천만이 넘는 도시인 우한을 봉쇄하고 이 전염병과의 전쟁을 선포했다는 무시무시한 뉴스가 전해집니다.

이 전염병에는 신종 코로나바이러스$^{2019\text{-}nCoV}$라는 이름이 붙었습니다. 우리나라에도 우한에 다녀 온 사람 중 4명이 이 전염병에 걸린 것으로 확인되어 집중 치료 중이라 합니다.[*] 물론 이들이 접촉했던 이들도 추적 조사를 하고 있고요. 더 많이 확산되지 않고 감염자들은 잘 치료될 수 있기를 바랍니다.

봉쇄된 중국 우한의 상황은 참담한 것 같더군요. 마음 아픈 일입니다. 우리나라 정부에서도 구호물자를 보냈고 그에 대한 중국인의 감사의 인사도 전해 들었습니다. 당연한 일이지요. 또 우

---

[*] 이 글을 쓴 2020년 1월 말의 상황이다. 한 달 쯤 지난 시점 신천지교회 신도에 의한 전파가 변곡점이 되어 상황이 급변하였다. 2020년 3월 10일 현재 감염자가 7천 명을 넘었다. 세계보건기구[WHO]에서 코로나19의 팬데믹 선언을 고려하는 중이라는 기사가 나오는 것에서 알 수 있듯 전 세계적으로 이 전염병이 기승을 부리는 중이다.

한에 머물고 있는 우리 교민을 데려오기 위한 전세기를 보낸다는 소식도 있습니다. 중국은 하루 빨리 병의 확산을 막고 환자들을 잘 치료하기를 바랍니다. 우리는 전염병의 피해를 최소화하도록 노력해야 할 것이고요.

이런 생각이 사람으로서 당연한 수순일 것 같은데 그렇지 않은 분위기도 감지됩니다. 전염병의 발생이 중국이었다고 해서 그들을 적대시하는 것이 당연한 것처럼 말하는 이들이 있습니다. 이를 위해 있지도 않은 사실을 꾸며대기도 합니다. 합성된 사진과 선정적인 가짜 뉴스가 불안한 사람들을 파고듭니다. 중국 '포비아'를 통해 다른 뜻을 전파하려는 것은 아닌지 의심이 되기도 합니다. 가짜 뉴스가 반복적으로 전파되면 사람들에게 영향을 미치기 십상입니다. 많은 이들이 기정사실로 받아들인 뒤에 그 뉴스가 오보였음이 밝혀져도 앞에 준 영향을 지우기 어려운 것이 현실입니다.

어떤 이가 "중국인이 괜히 밉고, 중국 사람을 가급적 피하고 싶고, 중국을 도우려는 정부가 이상해 보이나요. 그렇다면 잘못된 길에 들어섰습니다. 신종 코로나를 두고 무엇이라도 해야 하는 것은 맞습니다. 다만, 중국을 혐오하고 중국인을 차별하는 것으론 무엇도 해결할 수 없습니다. 엉뚱한 곳에 에너지를 쏟기보다 진짜 문제를 해결하기 위해 국내에서도 국제적으로도 힘을 모아야 할 때입니다."라고 한 말에 공감합니다.

    일련의 사태를 지켜보며 나를 돌아봅니다. 확증편향에 사로잡혀 나 스스로를 힘들게 하는 중은 아닌가. '그는 그런 사람이야.' 정해 놓고 그의 행동들을 정해 놓은 방식대로 해석해버립니다. 그 결과는 나를 힘들게 하는 것으로 귀결되고요. 나를 위해 참으로 어리석은 행동이지요.

반창고

스스로를 힘들게 하는 장치라면 걷어내야지요. 열어 놓고 바라보기. 한 발 뒤로 물러서서 바라보기. 그러고도 여유가 있다면 입장을 바꿔서도 생각해 보기. 이렇게 되면 그 전과 다른 결론을 얻을 수 있습니다. 그러면 날 괴롭히던 일이 실은 그럴 필요가 없는 일이었음을 알게 될 수도 있고요. 나를 자유롭게 하는 실마리가 그에게 있기보다 내게 있음을 알아차리게 될 거예요.

더불어 읽고 생각해 보면 좋을 이야기

공자가 말했다.
"배우고 스스로 생각하지 않으면 어둡고
자기 생각만 하고 배우지 않으면 위태롭다."
　　논어, 위정 15: 子曰 學而不思則罔 思而不學則殆.

공자가 말했다.
"군자는 말만 듣고 사람을 천거하지 않고
사람이 좋지 않다고 좋은 말까지 버리지는 않는다."
　　논어, 위령공 22: 子曰 君子 不以言擧人 不以人廢言.

자공이 말했다.
"군자도 미워하는 것이 있습니까?"
공자가 말했다.
"미워함이 있다.
다른 사람의 나쁜 점을 들춰내는 것을 미워하고
하류에 있으면서 위에 있는 사람을 비방하는 것을
미워하며
용기가 있지만 예가 없는 이를 미워하고
과감하면서 막힌 사람을 미워한다."

자공이 말했다.
"저도 미워하는 것이 있습니다.
요행을 지혜로 여기는 것을 미워하고
불손함을 용기라 하는 것을 미워하며
비방하는 것을 정직하다고 여기는 것을 미워합니다."

    논어, 양화 24: 子貢曰 君子亦有惡乎. 子曰 有惡 惡稱人之惡者 惡居下流而訕上者 惡勇而無禮者 惡果敢而窒者. 曰 賜也 亦有惡乎 惡徼以爲知者 惡不孫以爲勇者 惡訐以爲直者.

말의 품격

신종 코로나 바이러스에 의한 전염병 때문에 온 나라가 불안한 정서로 가라앉아 있을 때 들려온 우리영화의 아카데미상 수상 소식은 우울감을 떨치게 하는 좋은 뉴스였습니다. 국내외의 매체들은 봉준호 감독의 〈기생충〉이 아카데미의 역사를 새로 썼다고 평가하였습니다. 영어가 아닌 언어로 만들어진 영화가 아카데미의 본상을 받은 것은 그 상이 탄생한 이래 최초의 일이라 하고요. 더구나 작품상과 감독상을 동시에 받는 일은 흔치 않은 경우라고 합니다. 〈기생충〉은 2020 아카데미상에서 4개 부분을 수상하는 쾌거를 달성했습니다.

봉준호 감독은 멋진 수상소감으로 그의 존재를 대중에게 각인시켰습니다. 그는 "개인적인 것이 가장 창의적인 것"이라는 선배의 말을 늘 마음에 두었다고 고백합니다. 잠시 숨을 고른 다음 그 말을 한 사람이 마틴 스콜세지Martin Scorsese라고 하면서 청중들이 객석의 노장 감독 마틴 스콜세지를 주목하게 합니다. 그런 다음에는 세계가 주목하기 전부터 자신의 영화를 격려하고 좋아해 주었던 쿠엔틴 타란티노Quentin Tarantino에게 감사의 마음을 전합니다. 한 개인의 성공이 종횡의 관계와 영향을 기반으로 이루짐을 표현한 적절한 언급이었습니다.

나는 그가 만든 영화의 묵직한 문제의식과 그것을 풀어내는 위트wit있는 방법을 좋아합니다. 그런데 그런 영화의 문법이 가능하게 했을 감독의 생각을 보여주는 말들을 통해 그를 더 신뢰하게 되었습니다. 때와 장소에 맞는 품위 있는 말은 사람의 품격을 높이는 중요한 도구입니다. 근간에 이와 반대되는 현상에 피로감이 쌓인 터라 봉준호 감독의 말들이 더 신선하게 다가왔던 것 같습니다.

예컨대 어떤 이들은 코로나19를 줄곧 '우한폐렴'이라고 부릅니다. 그 표현에는 중국을 적대시하는 메시지가 들어 있습니다. 하루 종일 방송되는 매체를 통해 같은 메시지가 반복되어 나옵니다. 여기서는 보도의 내용도 어느 한쪽의 정치성향으로 치우쳐서 제공됩니다. 사람들은 익숙해진 것을 사실로 믿는 경향이 있습니다. 왜곡된 정보를 계속 듣다보면 거기에 익숙해지다가 끝내 사실로 받아들여지는 수순을 밟게 됩니다.

이런 식으로 가짜뉴스일 것이 분명한 정보가 반복적으로 전해집니다. 그 뉴스가 사실이 아니라는 것은 며칠 뒤에 나올 겁니다. 그런데 수정된 정보가 입력되기 전에 이미 많은 이들은 첫 번째로 접한 정보를 익숙하게 그리고 사실로 받아들였다는 것이 문제입니다. 경험상 가짜뉴스들의 문장은 매우 간명하고 그 표현 형식과 내용은 자극적입니다. 사람의 말이라는 전제는 염두에 둘 필요가 없는 듯 자극적인데다 전달하려는 정보를 더 빨리 더 많은 이들에게 전파하는 것만이 목적인 것 같습니다.

〈기생충〉은 점점 더 첨예해지는 양극화 현상을 다룬 영화입니다. 이 영화가 처음 개봉되고 많은 이들의 화제에 오를 때 어떤 이들은 이 영화가 세상을 망치게 할 이야기를 담고 있다는 혹평을 내 놓았습니다. 무산계급이 유산계급을 전복하려는 사회주의 이념을 전파하는 영화라고도 했고요. 이 영화를 향한 무시무시한 막말을 내 놓던 것이 불과 몇 달 전의 일입니다. 미국에서 주는 세계적인 상을 탔다니 그 사람들의 태세가 순식간에 바뀝니다. 부끄러운 일입니다.

여러 가지 면으로 〈기생충〉이 아카데미상을 수상하게 된 일은 다행스럽고 고마운 일입니다. 막말을 잠재우게 해 주는 한편으로 인간의 품위가 어떤 것인지를 그 감독의 말을 통해 볼 수 있었으니까요.

반창고

한마디 말이 나락에 떨어진 어떤 이를 일으킬 수 있습니다. 어떤 말은 비수가 되어 멀쩡한 사람을 쓰러지게도 합니다. 눈만 뜨면 대면하는 인터넷 포털 사이트의 기사들과 반복되는 방송의 말들이 종종 견디기 어려운 소음이 됩니다.
인간의 품위를 느끼게 하는 말은 위로가 됩니다. 그러니 오늘을 사는 이들에겐 애써 좋은 말을 찾아보는 것이 좋은 처방입니다.

더불어 읽고 생각해 보면 좋을 이야기

맹자가 말했다.
"굶주린 사람은 먹을 것을 달게 여기고
목마른 이는 마실 것을 달게 여긴다.
이런 상황에서는 음식의 바른 맛을 알 수가 없다.
굶주림과 목마름이 방해하기 때문이다.
어찌 입과 배에만 굶주림과 목마름의 해침이 있겠는가.
사람의 마음에도 그런 방해가 있다.
사람이 굶주림과 목마름의 방해를 없앨 수 있다면
마음을 방해하는 것이 사람에게 이르지 않아서
걱정할 것이 없다."

> 맹자, 진심상 27장: 孟子曰 饑者甘食 渴者甘飮 是未得飮食之正也. 饑渴害之也 豈惟口腹有饑渴之害. 人心亦皆有害. 人能無以饑渴之害 爲心害則不及人 不爲憂矣.

공자는 이상한 일·힘·혼란한 일·신 등에 대해
말하지 않았다.

> 논어, 술이 20: 子不語怪力亂神.

기록의 힘

 나의 기억을 믿을 순 없어도 나의 메모는 진실을 말해줍니다. 하여 기억은 힘이 없지만 기록은 힘이 있어요. 예로부터 우리문화에는 글을 중시하는 문화가 있습니다. 아시아 동쪽 끝단에서 중국을 이고 바다를 마주한 우리의 지정학적 위치는 존재 자체가 위태로운 형상입니다. 그럼에도 불구하고 이 작은 나라가 정체正體를 잃지 않고 그 역사를 이어왔어요. 물론 눈물 없이 말할 수 없는 고난의 역사도 굽이굽이 건너와야 했습니다.

 최근의 국난은 20세기 초 일제강점기를 경험했던 35년이었습니다. 우리의 국권을 앗았던 일본은 우리 정신문화를 말살하는 작업을 식민통치의 근간으로 삼았습니다. 여기에는 대대로 이어 온 일본의 문화적 열등감이 반영되었을 것입니다. 실제로 일본이 문화적으로 우리를 앞서 간 시기는 근세 이후 백여 년입니다. 이 형세도 이번에 우리를 향한 그들의 수출규제 횡포를 통해 보면 변화가 있는 것 같습니다.

어찌 되었든 강점기로 진입한 지 채 십 년이 지나지 않은 1919년에 전국 규모의 저항 운동이 일어났습니다. 나라를 빼앗긴 것은 뼈아픈 일이었으나 거기서 벗어나려는 운동은 유례없이 활발했습니다. 결국 해방을 맞이했고요. 그런데 해방 후 전쟁까지 겪은 한국은 필리핀의 원조를 받을 정도의 가난한 나라였습니다.

그런데 1996년에는 잘사는 나라들의 모임으로 불리는 OECD[경제협력개발기구]의 29번째 회원국이 되었습니다. 줄곧 강대국의 간섭에 시달리고 천연자원도 부족한 우리가 수많은 역경을 넘어올 수 있었던 저력은 무엇일까요. 독자적 문화를 일궈왔다는 자부심과 개인의 역량이 큰 동력이었을까요. 다양한 외래문화를 수용하였지만 늘 우리식으로 재해석해 온 역사를 가지고 있으니 말이지요. 불교도 유학도 한국식의 그것으로 정착되었습니다. 단순한 복사가 아니었던 것이죠. 이런 문화의 유전자가 우리들 안에 들어있을 겁니다.

유네스코에서 지정하는 세계기록유산은 세계의 귀중한 기록물을 보존하고 활용하기 위해 선정하는 문화유산입니다. 1997년부터 2년마다 선정해 왔는데 국제자문위원회에서 심의와 추천을 하고 유네스코 사무총장이 선정합니다. 우리나라는 16종의 세계기록문화유산 보유국입니다. 독일, 영국, 폴란드에 이어 세계에서 네 번째로 많은 기록유산을 갖고 있지요.

16종의 세계기록문화유산 중 10가지가 《훈민정음해례본》을 비롯한 조선시대의 기록물입니다. 《조선왕조실록》도 그 중 하나이고요. 어느 나라 어느 왕실이든 그 기록을 남기기 마련입니다만 《조선왕조실록》은 왕실의 기록만이 아니라는 데에 그 독자성이 있습니다. 이 기록에는 왕실에서 벌어진 사건은 물론이고 당대 사회에서 벌어진 주요 사건들이 망라되어 있습니다. 그러니 이 기록을 통해 당시의 사회상과 생활사를 이해할 수 있는 겁니다.

예컨대 중종실록에 보이는 '의녀 장금'에 관한 몇 개의 기사는 우리나라에만 있었던 의녀제도를 확인하게 합니다. 이 기록으로부터 오백여 년이 지난 뒤에는 〈대장금〉이란 드라마의 모티브를 제공하는 역할도 합니다. 이런 것이 기록의 생명력이지요. 써서 기록하는 것은 그 시대를 대변하는 하나의 문화가 됩니다. 그리고 이런 문화는 재생의 힘을 가집니다.

개인의 삶에서도 '그 때의 자신'을 대변하는 기록은 그와 유사한 의미가 있습니다. 그저 스쳐 지날 수 있는 에피소드가 정리되어 나의 역사로 남습니다. 이 과정에서 앞으로 내가 걸어갈 길이 찾아지기도 합니다. 그러니 나는 희로애락의 감정들, 성공의 경험과 실패의 자취를 스스로 정리해 보려고 합니다. 이는 누구도 대신해 줄 수 없는 내 삶을 위한 가성비가 좋은 투자라는 데 한 표 던지는 바입니다다만.

반창고

실패의 경험을 복기하다 보면 좌절에 빠지기보다 다시 일어설 수 있는 힘을 얻을 수 있습니다. 아픔을 객관화하는 과정이 되니까요. 나의 힘든 상황을 넋두리처럼 내놓다 보면 저절로 치유가 될 수도 있고요. 그러니 자판을 두드려 보는 겁니다. 그것만으로도 스트레스가 해소될 수 있어요. 나로 말하면 기쁘고 평온할 때보다 힘들고 지치고 어려운 순간에 봉착했을 때 마음에 드는 글이 나오는 것 같아요. 내겐 이것이 '쓰는 것'의 쓸모입니다.

더불어 읽고 생각해 보면 좋을 이야기

공자가 말했다.
"그만 두어라!
나는 아직 자신의 잘못을 보고서
안으로 스스로를 꾸짖는 사람을 보지 못했다."
  논어, 공야장 26: 子曰 已矣乎. 吾未見能見其過而內自訟者也.

자하가 말했다.
"소인의 잘못은 반드시 꾸미려는 데에서 나온다."
  논어, 자장 8: 子夏曰 小人之過也 必文.

굽히면 온전해지고 구부리면 곧아지며
패이면 채워지고 해지면 새로워지고
적으면 얻고 많으면 미혹된다.
그래서 성인은 하나를 품고
그것을 세상의 법칙으로 삼는다.
스스로 드러내지 않기 때문에 밝고
스스로 옳다하지 않으므로 드러나며
스스로 자랑하지 않기 때문에 공이 있고
스스로 뽐내지 않으므로 오래간다.
오직 다투지 않으므로 세상에 그와 다툴 사람이 없으니
옛날에 굽히면 온전해진다 했던 것이 어찌 헛말이겠는가!
진실로 온전하게 돌아가는 것이다.
  도덕경, 제22장: 曲則全 枉則直 窪則盈 幣則新 少則得 多則惑. 是以聖人抱一爲天下式. 不自見故明 不自是故彰 不自伐故有功 不自矜故長. 夫唯不爭 故天下莫能與之爭 古之所謂 曲則全者 豈虛言哉. 誠全而歸之.

맛보며

아인슈페너 einspanner 의 힘

제주도 풍림다방이나 망원동 커피가게 동경의 아인슈페너 한 산엔 커피 한 잔 이상의 의미가 담겨있습니다. 우울했던 기분을 잠재우며 반짝 행복한 순간과 만나게 해 주거든요. 언뜻 '그래도 세상은 살만해!'라는 느낌을 받을 지도 모릅니다. 잔 위에 올려 진 희고 부드러운 질감의 크림은 보기만 해도 평화롭습니다. 크림이 입술에 닿고 그 안에 숨어있는 따뜻하고 쌉쌀한 커피와 조우하기까지의 시간은 더 없이 짜릿하고요.

아인슈페너는 비엔나커피라고도 불러요. 이 커피는 옛날 오스트리아 빈[비엔나]의 마부들이 추위와 피로를 잊기 위해 커피와 크림을 왕창 넣은 진한 커피를 마셨던 것에서 유래했다고 합니다. 아인슈페너의 어원인 독일어 Einspänner가 말 한 마리가 끄는 마차를 의미한다는 걸 보면 마부의 커피였다는 설이 허무

맹랑하진 않습니다. 내게 행복감을 주는 커피에 담긴 고단한 일상의 이야기가 역설적이긴 합니다.

가만 보면 힘든 상황은 늘 내 주변을 맴돌고 있는 것 같아요. 그러다가 불쑥 불쑥 내 목전으로 닥쳐와서 나를 흔들어댑니다. 일과 사람은 내 삶을 지탱하는 요소인 동시에 나를 혼란에 빠뜨리는 원인입니다. 내가 관여하고 있는 크고 작은 일들과 관계 맺고 있는 다양한 사람들은 내가 살아가는 이유인 동시에 내 발목을 잡는 문제가 되기도 합니다.

그러니 살아간다는 것은 그 두 가지 문제를 풀고 엮고 쌓아가는 과정일지도 모르지요. 그 과정에서 불거지는 풀기 어려운 문제들을 피할 수 없습니다. 그 자체가 내 삶의 주요 관절을 이루는 것 같기도 합니다. 남는 것은 전략적으로 혹은 지혜롭게 내가 마주한 난관을 풀어가야 한다는 사실입니다.

맛있는 아인슈페너 한 잔을 위해 시간을 내어 보는 것은 그런 전략을 위해 나쁘지 않은 선택입니다. 더 없이 부드러운 크림을 만나는 순간에, 그리고 그 크림을 타고 들어오는 쌉싸름한 커피의 향을 느끼며 나는 이런 포근함 이외의 것들을 잠시 내려놓습니다. 이런 짧은 휴식의 순간을 통해 소비한 시간 이상의 좋은 영향을 내 안으로 들여놓을 수 있습니다.

골치 아픈 삶의 문제를 푸는 방식은 다면적입니다. 이처럼 다양한 사람과 갖가지 상황이 존재하는 세상에서 하나로 정해진 답이 있을 순 없으니까요. 때론 전투적으로 어떤 때는 긴 안목으로 바라 봐야 할 겁니다. 그리고 어떤 때는 잠시 잊고 온도를 낮춘 뒤에 다시 그 문제를 바라보는 편이 효율적일 수 있습니다.

너무 뜨겁거나 지나치게 차가운 상태로 진입하는 것이 좋지 않다고 판단될 때는 바리스타의 공이 듬뿍 들어 있는 아인슈페너를 향해 걸어가 보려고요.

반창고

맹자는 할 수 없는 것[不能]과 하지 않는 것[不爲]을 분명하게 구분하라고 합니다. 커다란 산을 옆구리에 끼고 넓은 바다를 건너는 것처럼 허황한 일은 할 수 없는 일이고, 어른을 위해 나뭇가지를 꺾어오는 일은 마음만 먹으면 할 수 있는 일입니다. 맹자의 이 문장을 읽으며 '내가 할 수 없는 일'과 '내가 하지 않는 일'에 대해 생각해 봅니다. 해야 하는 일인데 할 수 없다 하거나 할 수 없는 일을 해야 한다고 우기고 싶지 않으니까요.

아쉽지만 포기해야 할 땐 과감히 그만 두자. 어려운 일일지라도 반드시 참여해야 한다고 판단되면 용감하게 부딪쳐 보자. 이렇게 정리되는 걸요.

더불어 읽고 생각해 보면 좋을 이야기

"왕에게 아뢰는 자가 있어서 이르기를
'제 힘은 백균을 들어 올릴 수는 있지만 깃털 하나를 들어 올릴 수는 없고, 시력의 밝기는 터럭 끄트머리를 볼 수 있으나 수레의 땔감을 볼 수는 없다.'고 한다면 왕은 인정하시겠습니까?"
"그럴 수 없소."

"지금 임금의 은혜가 짐승에게까지 미치는데
그 공력이 백성에게 이르지 못하는 것은
유독 어째서입니까?
그러니 깃털 하나를 들어 올리지 못하는 것은
힘을 쓰지 않는 것이고
수레의 땔감을 보지 못하는 것은
밝음을 쓰지 않기 때문이며
백성들이 보호받지 못하는 것은
그 은혜를 쓰지 않기 때문입니다.
그러므로 왕이 왕도정치를 하지 않는 것은
하지 않는 것이지 할 수 없는 일이 아닙니다."

> 맹자, 양혜왕상 7: 曰有復於王者曰 吾力足以擧百鈞 而不足以擧一羽 明足以察秋毫之末 而不見輿薪 則王許之乎. 曰否. 今恩足以及禽獸 而功不至於百姓者 獨何與. 然則一羽之不擧 謂不用力焉 輿薪之不見 爲不用明焉 百姓之不見保 爲不用恩焉. 故王之不王 不爲也 非不能也.

든든한 육개장

　소고기 뭇국이나 육개장 같이 뜨끈한 탕은 언제라도 환영이지만 특히 온 몸이 차가워진 한겨울과 잘 어울리는 음식입니다. 특히 육개장은 소고기 뭇국에 비해 공력과 시간이 많이 들어서 요리 초보자들은 섣불리 도전할 수 없는 음식입니다.

　육개장의 레시피는 꽤나 복잡합니다. 우선 소고기의 양지살이나 사태를 찬물에 담가 핏물을 빼는 것으로 시작합니다. 여기에 30분 정도의 시간이 필요하고요. 그 다음엔 핏물을 제거한 고기에 물을 붓고 마늘, 무, 대파 등과 함께 가열하여 육수를 냅니다. 여기에도 50여 분의 시간이 소요됩니다. 육개장의 맛을 더해 주는 각종 채소들, 예컨대 숙주나물, 토란대, 고사리 같은 재료는 각각 데쳐서 준비해야 합니다. 그 사이에 양념장도 만들어야 하고요. 육수가 완성되면 고기를 건져내 식힌 다음 먹기 좋게 결대로 찢어서 양념에 조물조물 무쳐놓습니다. 이렇게 각각의 방식으로 준비한 모든 재료를 육수에 넣고 끓이는 것으로 이 요리는 완성을 향하게 됩니다.

언뜻 보아도 3시간 정도 꼬박 공을 들여야 식탁에 오를 수 있는 요리입니다. 모든 곰탕류 요리는 시간과 공을 많이 들여야 하는 음식입니다. 그 중 유독 육개장에 대한 애정이 각별합니다. 채소가 많이 들어가고 고춧가루가 내는 매콤한 맛이 더해져서 고깃국이 주는 텁텁함을 잡아주기 때문일까요. 이 한 그릇으로 영혼까지 위로받는 든든함을 챙길 수 있습니다.

흔히 한식의 대표로 비빔밥이니 불고기를 꼽습니다. 외국인들이 쉽게 접근할 수 있는 메뉴라는 판단에서 이들의 대표성을 적극적으로 선전하였을 것입니다. 그런데 실은 오랜 시간 공을 들여서 끓여낸 음식과 그보다 더 오랜 시간 동안 발효시키면서 맛을 숙성시킨 요리야 말로 우리 음식을 대표한다고 여깁니다. 육개장도 그 중 하나이고요.

요즘엔 육개장을 잘 내는 음식점을 찾기가 그리 쉽지 않습니다. 정식의 레시피대로 요리하기엔 공력이 많이 들고 그에 적정한 가격을 받기는 어려운 사정 때문일까요. 이 요리를 직접 만들어 본 적은 없지만 그 맛은 예민하게 느낄 수 있다는 점이 약일지 독일지요. 국물의 맛과 그 안에 든 채소들의 상태 그리고 그들의 어울림이 적절해야 합니다. 너무 뜨겁지 않고 딱 맞게 뜨끈한 온도로 식탁에 올라야 하고요.

공장에서 만든 치킨스톡처럼 노골적인 감칠맛을 내는 조미료로는 가능하지 않은 깊이를 지닌 맛. 그 뜨끈한 국물을 한 입 넣었을 때의 감동을 그대도 알잖아요! 할머니의 맛. 엄마의 맛. 시간과 정성의 맛. 그러니 영혼을 위로하는 음식이 아닐 수 있나요. 훌륭한 육개장 한 그릇을 받아 들면 그 간에 쌓인 피로가 풀리는 평온하고 나른한 기분을 즐길 수 있습니다.

당장 정성 듬뿍 육개장을 끓여 줄 할머니도 어머니도 내 곁에 없는데 날은 춥고 몸은 피곤한 어느 날엔 우래옥에라도 가 볼까요. 냉면으로 유명한 집이지만 육개장도 그리 나쁘지 않거든요. 뜨끈한 육개장 한 그릇으로 한동안은 든든할 거예요.

반창고

곰탕류 음식은 다른 나라에선 찾기 어려운 음식입니다. 오랜 시간 끓여야 하는데 그렇다고 마냥 불에 얹어 두고 한눈을 팔 수도 없는 요리입니다. 중간 중간 거품과 기름을 걷어 내면서 끓이고 또 끓이고. 시간과 정성이 들어간 만큼 그 요리의 수준이 달라집니다.

하루하루의 생활은 피곤하기 짝이 없는데 불운만이 내 주변을 감싸는 것만 같아서 세상 힘들고 아픈 나. 이런 나를 스스로 위로해 주어야겠다는 마음이 불쑥 솟아 날 땐 나를 든든하게 해 주는 음식을 스스로에게 대접합니다. 음식으로 스스로를 위로한 다음엔 용기를 주는 문장을 읽어 볼까요.

더불어 읽고 생각해 보면 좋을 이야기

성실함 자체는 하늘의 도이고
성실하고자 노력하는 것은 사람의 길이다.
성실함 자체는
힘쓰지 않아도 딱 맞고
생각하지 않아도 얻을 수 있으며
자연스럽게 도에 합치되니 성인의 경지이다.
성실하고자 하는 것은
좋은 것을 선택하여 그것을 단단하게 지키고자 하는 것이다.
(그러기 위해) 넓게 배우고 깊이 있게 묻고 신중히 생각하고
분명하게 따져보고 독실하게 행동한다.
배우지 않을지언정 배웠다 하면 알 수 없는 것을
그대로 두지 않고,
묻지 않을지언정 물었다 하면 알지 못하는 것을
그대로 두지 않으며,
생각하지 않을지언정 생각했다 하면 얻지 못한 것을
그대로 두지 않고,
따지지 않을지언정 따졌다 하면 분명하지 않은 것을
그대로 두지 않으며,
행하지 않을지언정 행동했다 하면 독실하지 못한 것을
그대로 두지 않는다.
다른 사람이 한 번에 그렇게 할 수 있다면

나는 백 번을 노력하고,
다른 이가 열 번에 하면
나는 천 번을 노력한다.
과연 이런 자세를 가질 수 있다면
비록 지금은 어리석더라도 반드시 밝아질 것이고
비록 지금은 약해도 반드시 강해질 것이다."

> 중용, 제20장: 誠者 天之道也 誠之者 人之道也. 誠者 不勉而中 不思而得 從容中道 聖人也. 誠之者 擇善而固執之者也. 博學之 審問之 愼思之 明辨之 篤行之. 有弗學 學之弗能弗措也 有弗問 問之弗知弗措也 有弗思 思之弗得弗措也 有弗辨 辨之弗明弗措也 有弗行 行之弗篤弗措也. 人一能之己百之 人十能之己千之. 果能此道矣 雖愚必明 雖柔必強.

셀프 김밥의 재미

　김밥은 요리 초보자들도 욕심내 볼 법한 요리입니다. 우선 재료를 구하기가 쉽고 그 재료를 처리하는 방법도 간단한 편입니다. 게다가 그 재료 선택도 자율적으로 할 수가 있어요. 한두 가지 재료로 심플한 김밥을 만들어 볼 수도 있고 제법 화려하게 다양한 재료로 속을 채운 김밥까지 선택의 폭이 넓습니다.
　내가 만들어 본 가장 간단한 김밥은 시소 잎과 오이, 고추냉이로 속을 채운 것입니다. 어떤 김밥이든 밥에 양념을 하는 것이 기본이에요. 보통은 참기름과 소금, 깨소금으로 밥에 양념을 하는데 때론 식초를 더하기도 합니다. 친구에게 배운 레시피는 식초를 넣는 것이었으나 내 취향엔 식초를 빼는 것이 더 나아서 식초는 생략했고요. 김을 놓고 그 위에 양념한 밥을 얇게 펼쳐 놓은 다음 시소 잎을 가로로 한 줄 올리고 그 잎 위에 오이채를 적당히 얹은 다음 고추냉이 액을 뿌려줍니다. 이제 꾹꾹 눌러가며 김밥 모양으로 돌려주면 됩니다. 입맛 없는 여름날에 산뜻하게 즐길 수 있는 김밥이지요.

이런 간단 버전이 아니라면 보통 나의 김밥엔 단무지와 달걀, 시금치가 필수입니다. 그 밖에 어묵, 게맛살, 햄, 당근 같은 것들은 필요에 따라 넣기도 빼기도 하고요. 재료가 준비되었으면 이제 요리를 시작합니다. 단무지는 김밥에 넣기 좋도록 길쭉하게 썰어주고 달걀은 지단으로 부쳐서 같은 모양으로 잘라 둡니다. 시금치는 끓는 물에 살짝 데쳐서 소금과 참기름으로 조물조물. 당근은 채 썰어서 기름에 볶아내고 다른 재료들은 길쭉하게 썰어서 마른 프라이팬에 살짝 구워요. 새로 한 밥은 큰 볼에 넣어 식히면서 양념을 합니다. 이렇게 되면 재료 완성.

어려운 과정은 없지만 손이 많이 가기는 합니다. 그러니 간편하게 사 먹는 김밥이 효율적이고 경제적이기도 합니다. 다양한 재료로 맛을 낸 시판 김밥은 보기에 화려하고 맛도 나쁘지 않습니다. 그런데 가끔 집에서 만든 김밥이 먹고 싶을 때가 있어요. 그럴 때면 사는 것보다 덜 화려하고 모양도 예쁘게 잡히지 않는 반면 적지 않은 노력을 필요로 하는 셀프 김밥의 길로 나섭니다.

방금 몸살에서 벗어난 어느 날 어느새 나는 위의 과정을 순순히 거친 다음 식탁 한가득 울긋불긋한 식재료를 진열해 놓고 있습니다. 오직 각가지 재료를 그 특색에 맞게 썰고 조리하는 과정 그 자체에 집중하는 것을 즐기는 겁니다. 이제 김을 놓고 넓게 밥을 펼친 다음 준비한 재료를 차곡차곡 줄지어 세웁니다. 그런 다음에 손아귀에 힘을 주어 꼭꼭 눌러가며 김밥을 말아내지요.

김밥을 만드는 시간은 식재료 각각의 개성에 주목한 다음 그들의 조화로운 재탄생을 기대하고 만나는 과정입니다. 각 재료를 조리하는 과정에서 풍기는 풍부한 향미는 직접 조리할 때만 느낄 수 있는 것입니다. 이것이 완성된 김밥의 맛을 더 풍요롭게 만드는 것일까요. 이런 이유로 간편한 방식을 버리고 복잡한 과정을 자초하는 것입니다. 상점에서 산 김밥에서는 취할 수 없는 풍미를 느끼고 싶어서요.

완성된 김밥을 입에 넣으면 여러 재료들이 뒤섞이며 내는 풍부한 맛을 즐길 수 있습니다. 마음이 복잡하고 힘들어서 어떤 생산적인 일도 가능하지 않은 날엔 오직 나를 위한 셀프 김밥에 도전해 볼까요.

반창고

하는 일마다 두서가 없는 날이 있어요. 복잡한 머리가 정리되지 않아서 하지 않아야 할 말을 하고 해야 할 일을 놓치기도 합니다. 그럴 땐 억지로 뭔가를 더 하려기보다 잠시 멈추고 숨을 고르는 편이 나을 수 있습니다. 그렇다고 멍청하게 시간을 소비하기는 싫다면 단순하게 몰두할 수 있는 일을 찾아봅니다. 예컨대 김밥 만들기. 일단 나의 어려운 현안으로부터 시선을 돌리는 겁니다. 다른 곳에 집중하다 우연치 않게 좋은 해법을 얻을 수도 있고요. 적어도 그 동안 내 정신은 쉴 수 있으니까요.

맛보며

더불어 읽고 생각해 보면 좋을 이야기

서른 개의 바퀴살이 하나의 수레 통에 모이는데
바퀴통 속이 비었으니
수레로서의 쓰임이 있다.
흙을 이겨서 그릇을 만드는데
그 속이 비었으니
그릇으로서의 쓰임이 있다.
창문을 뚫어 방을 만드는데
방 안이 비었으니
방으로서의 쓰임이 있다.
그러므로 있는 것이 이로운 것은
없는 것이 쓰임이 되기 때문이다.

> 도덕경, 제11장: 三十輻共一轂 當其無 有車之用 埏埴以爲器 當其無 有器之用 鑿戶牖以爲室 當其無 有室之用 故有之以爲利 無之以爲用.

공자가 냇가에서 말하였다.
"지나가는 것이 이 물과 같구나! 밤낮으로 쉼이 없으니!"

> 논어, 자한 16: 子在川上曰 逝者如斯夫 不舍晝夜.

알리오 올리오의 명료함

파스타 요리 중에 가장 간단한 재료로 만들어진 것이 이 알리오 올리오$^{Spaghetti\ aglio\ e\ olio}$입니다. 알리오는 마늘이란 말이고 올리오는 오일이란 뜻이에요. 알리오 올리오 파스타는 마늘과 올리브유만으로 맛을 낸 단백하고 깔끔한 요리죠. 때론 페페로치니를 첨가하여 색과 매콤함을 더하는 경우도 있긴 해요. 발랄한 어감의 그 이름 자체가 존재를 설명하는 음식이죠.

재료가 간단한 만큼 그 맛은 요리사의 수준에 따라 천차만별입니다. 재료가 간단한 것을 쉬운 것으로 잘못 이해하고 낭패를 본 경험이 있어요. 직접 만든 알리오 올리오는 내가 알던 그 음식이 아닌 것으로 판명이 났습니다. 전문점에서도 파스타 요리에 자신 있는 집이 아니면 이 요리는 메뉴에서 빠지기 십상입니다. 반대로 알리오 올리오를 훌륭하게 내는 식당이라면 파스타 맛집으로 인정해도 틀리지 않을 거예요. 물론 높은 가격을 책정하기 어렵기 때문에 메뉴에서 빠지기도 합니다만. 그래서도 솜씨 좋게 만든 이 요리를 메뉴 앞에 올려놓은 식당에는 신뢰가 갑니다.

특별한 조리 없이 먹어도 풍미가 좋을 바닷가재나 왕새우 등의 좋은 해물, 각종 육류 등의 고급 식재료를 넣고 화려하게 만들어진 파스타가 맛이 없긴 어렵습니다. 토마토소스나 크림소스가 베이스가 된 파스타 역시 소스가 한 몫을 하니 어떻게 만들어도 먹을 만한 국수로 만들어집니다. 상대적으로 오일을 베이스로 한 파스타는 요리사의 수준에 따라 그 맛이 차이가 납니다. 따라서 알리오 올리오는 여러모로 내공이 필요한 파스타라는 겁니다.

세상의 거의 모든 누들을 즐기는 나로선 당연히 세 가지 소스를 베이스로 한 파스타를 다 좋아합니다. 그래서 그 날의 기분이나 상태에 따라 그 중 하나를 선택하곤 하지요. 기분이나 상태에 관계없이 늘 좋은 것은 오일 베이스의 파스타입니다. 오일 베이스의 파스타 중에서도 싱싱한 조개가 들어 간 봉골레 파스타나 알리오 올리오를 좋아하고 이 둘 중엔 역시 알리오 올리오지요.

저마다 아름다움을 바라보는 안목이 있겠으나 나로 말하면

꾸민 듯 꾸미지 않은 듯 멋을 낸 쪽에 후한 점수를 주는 편입니다. 겉모양이 무슨 대수냐 하면서 자신의 차림을 방치하는 태도엔 반대의견이고요. 신경을 썼으나 노골적이지 않은 품격 있는 쪽을 선호합니다. 볼수록 공을 들인 모습에다 내면에서 우러나는 품위까지 더해진다면 금상첨화이겠지요. 눈을 현혹하는 화려한 꾸밈은 금세 잊힙니다. 그에 비해 은은하게 오래도록 질리지 않고 새록새록 솟아나는 매력에선 격이 다른 아름다움을 느낍니다. 이런 미감이 알리오 올리오 파스타에 높은 점수를 주는 기호를 가지게 했을지도요.

스스로도 알 수 없는 현란한 말과 몸짓을 남발했던 자신 때문에 피로해진 날엔. 주변 사람들의 화려한 기술에 정신과 마음을 빼앗긴 어느 날 저녁엔. 한 접시의 알리오 올리오로 헝클어진 정신을 진정시켜 볼까요.

반창고

《주역》의 계사전에는 "이 세상의 가장 기본적인 원리는 살리는 정신이다."라는 말이 나옵니다. 이 세상의 기본적인 원리가 '생生'이라는 한 글자로 표명된 거예요. 역시 진리는 복잡하고 어려운 데에 있는 것이 아닙니다.

자신도 이해하지 못한 어려운 말로 듣는 이까지 혼란하게 하는 경우가 있어요. 아무리 화려한 프로필을 가진 이라도 그런 사람은 가짜입니다. 공자는 "그림 그리는 일은 흰 바탕 뒤에 하는 것"이라 했어요. 기본 바탕의 중요함을 말한 것입니다. 바탕은 비어 있는데 아무리 겉모양을 요란하게 꾸며본들 무너지는 건 시간문제이겠지요. 그래서 진정성 있는 태도가 중요합니다.

더불어 읽고 생각해 보면 좋을 이야기

이 세상의 가장 기본적인 원리는 살리는 정신이다.
　주역, 계사전: 天地之大德曰生.

공자가 말했다.
"꾸민 말이나 거짓된 표정에서는 인을 찾기 어렵다."
　논어, 학이 3: 子曰 巧言令色鮮矣仁.

공자가 말했다.
"그가 행하는 것을 보고
그가 연유한 바를 관찰하며
그가 편안해 하는 것을 살펴본다면
그 사람이 어떻게 속이겠는가.
그 사람이 어떻게 속이겠는가."
　논어, 위정 10: 子曰 視其所以 觀其所由 察其所安 人焉廋哉 人焉廋哉.

수타 짜장으로 행복 찾기

　일주일 안쪽의 해외여행 가방에도 반드시 고추장이나 김치 등을 필수로 넣는 이들이 생각보다 많습니다. 나로 말하면 여행지의 음식에 적응하려는 편이고 그것까지가 여행의 내용이라 여깁니다. 지금까지의 경험으론 현지의 음식 적응이 그리 어렵지 않았고요. 장기간 체류한 적이 없었고 길어야 석 달 정도의 여행이었지만 그 동안 김치나 고추장 같은 음식 때문에 결핍을 느끼진 않았습니다.

　평소 가리는 편이 많은 식습관에도 불구하고 빵이나 국수를 좋아하다보니 어디를 가도 입에 맞는 음식이 쉽게 찾아졌습니다. 그럼에도 불구하고 여행 중에 문득 생각나는 음식이 없진 않아요. 짜장면이 그렇습니다. 보통 중국요리 음식점서 식사를 하다 마지막에 면을 먹을 순간이 오면 늘 짜장과 짬뽕 사이에서 고민하다 십중팔구는 짬뽕을 선택합니다. 그런데도 외국 여행이 조금 길어지면서 생각나는 음식은 신기하게도 짜장면이었어요.

한국인이라면 누구나 셀 수 없이 많은 종류의 짜장면을 맛보면서 살아갑니다. 대체로는 간편한 한 끼 식사로 배달 짜장면을 많이 경험했고요. 각 지방의 유명 중국집을 방문하기도 했습니다. 그 많았던 경험 중에 나의 인생 짜장면을 꼽자면 역시 신성각의 짜장면입니다. 이 집에선 사장님이 직접 수타로 만든 면을 바로 삶아서 담백한 짜장 소스를 올려 냅니다. 기계면의 세련되고 고른 면발과 자극적인 소스에 익숙한 이라면 그 투박하게 생긴 면발과 슴슴한 소스의 맛이 짜장면답지 못하다고 여길지도 모릅니다.

식탁 4개가 놓인 작은 홀에서는 주방에서 수타면을 뽑아내는 장관을 보고 들을 수 있습니다. 그 관찰과 기다림 끝에 식탁에 오른 한 그릇의 짜장면이 주는 만족감이라니요. 오천 원의 행복, 가성비의 끝판왕입니다.

이 집을 알게 된 건 십여 년 전인데 그때도 장안의 짜장면 고수들에겐 꽤 알려진 집이었어요. 그런데 최근 방송을 탄 이후 줄을 서는 맛집이 되었다는 소문을 들었습니다. 이 소문은 몇 주 전 오랜 만에 찾았던 길에 사실로 확인했고요. 이 집 사장님께선 40년 정도 그 자리에서 장사를 하셨으니 적지 않은 연세일 겁니다. 그저 좀 더 그 자리를 지켜주시기를 바랄 뿐입니다.

이번엔 더 유심히 주방의 광경을 관찰했었는데 역시 수타로 면을 만들어 내는 일이 보통 힘든 작업이 아니었습니다. 묵직한 반죽을 머리 위까지 들어 올렸다가 내리치는 과정에 온몸의 힘이 실리는 것처럼 보였습니다. 그 일을 40년 가까이 하셨다니 절로 숙연해집니다. 자부심을 가지고 정성을 다해 한 그릇의 소박한 음식을 내는 이가 있고, 그 음식으로 행복해지는 이들이 있는 풍경 그 자체가 감동입니다.

온갖 욕심이 난무하고 서로를 헐뜯고 깎아내리느라 혈안이 된 사람들. 좀 더 얻으려고 양심을 저버리는 세태. 옳지 않은 길인 걸 알면서도 입을 닫고 있는 비겁함. 이처럼 비양심의 현실을 개탄하면서 동시에 드는 생각은 '과연 나는 여기에서 자유로울 수 있는가.' 자성의 심정입니다.

이렇게 점점 미궁으로 빠져가는 내면의 사태와 대치하게 될 때, 언제나 오전 11시 37분이면 수타 작업이 시작되는 신성각엘 가보렵니다.

반창고

비양심이 횡행하는 세상이지만 어디에도 내 마음을 정화시켜 줄 사람은 존재합니다. 작은 식당에서 음식을 만드는 셰프, 평생 신발 고치는 일을 생업으로 한 할아버지. 어떤 중국의 70대 할머니는 병사한 아들이 남긴 3,000위안(우리 돈으로 50만 원 정도)을 7년에 걸쳐 모두 갚았다 하고요.

공자가 "거친 밥을 먹고 물마시고 팔을 굽혀 베고 누워도 즐거움이 그 가운데에 있는 것이다."라고 했다고 해서 그가 가난을 예찬한 것은 아닙니다. 무엇이 중요한 가치인가에 대한 이야기이죠. 제일 중요한 것을 지켰다면 가난도 감수할 수 있단 뜻이고요. 공정하지 못한 게임으로 얻은 부와 명성은 갖지 않겠다는 선언입니다.

더불어 읽고 생각해 보면 좋을 이야기

공자가 말했다.
"거친 밥을 먹고 물마시고 팔을 굽혀 베고 누워도
즐거움이 그 가운데에 있는 것이다.
옳지 못하게 얻은 부귀는 나에게
뜬구름처럼 부질없는 것이다."

   논어, 술이 15: 子曰 飯疏食 飮水 曲肱而枕之 樂亦在其中
   矣. 不義而富且貴 於我 如浮雲.

보글보글 된장찌개

된장과 고추장, 간장 등은 한국 음식의 기본이 되는 장류입니다. 된장과 고추장은 모두 찌개의 베이스가 되는 장이고요. 엄마 밥상이라 불리는 집밥에 감초처럼 끼는 건 아무래도 된장찌개입니다. 뚝배기에 끓여서 식탁에 오르기까지 보글보글 끓고 있는 된장찌개에는 마음이 편안해지게 하는 마력이 있습니다.

된장을 구하려면 보통 온·오프라인의 마켓으로 가면 됩니다. 그런데 시장에 없는 집된장을 만들려면 콩으로부터 시작되는 긴 시간과 노력을 들여야 합니다. 좋은 메주콩이 준비되면 이 콩을 무르게 삶아낸 다음 으깨서 네모진 모양을 만듭니다. 이게 메주입니다. 메주가 완성되면 통풍을 시켜 말려주는 과정이 필요하고 그 다음엔 따뜻한 곳에 보관하면서 발효시키는 시간을 지내야 합니다. 여기까지 보통 4주 정도의 시간이 소요됩니다.

이제 잘 발효된 메주를 옹기에 넣고 소금물을 부어 준 다음 60일 정도 기다립니다. 그런 다음에 액체는 간장으로 건더기는 된장으로 분리해 줍니다. 이렇게 간장과 함께 된장이 완성된 겁니다. 완성된 된장이 좋은 맛을 내기 위해서는 또 얼마간의 시간이 필요합니다. 보통 몇 주 뒤부터 먹기 시작하지만 몇 년이 지나도록 시간이 더할수록 더 고급한 맛을 내어 주는 것이 발효식품 된장입니다. 오랜 시간 잘 발효된 와인이 풍부한 풍미를 갖듯이 몇 년 동안 잘 보관된 된장은 더 깊은 맛을 냅니다.

된장을 만드는 과정이 이렇게 복잡다단한지라 시장에서 된장을 살 수 없다면 집에서 끓인 된장찌개는 엄두도 내지 못할 겁니다. 그러니 시장 된장은 충분히 고마운 존재입니다. 그러나 문제는 우리의 미각이 공장에서 생산된 된장과 집된장의 차이를 감별할 수 있다는 것이지요. 된장찌개 맛을 좌우하는 것은 된장이라서 맛있는 집된장만 있으면 된장찌개의 맛은 보장됩니다. 그리고 된장찌개만 맛있게 끓여지면 소박하나 훌륭한 식탁을 기대할 수 있습니다.

소박하지만 정곡을 가르는 울림이 있을 때 우리는 진한 감동을 받습니다. 예술작품도 그렇고 사람의 말이나 행동도 다르지 않습니다. 화려한 외피와 복잡한 수사로 강요된 감동은 그리

깊지도 않고 오래가지도 못합니다. 그런데 우선 눈을 현혹하는 것은 잘 꾸며진 것들입니다. 그렇게 한참을 헛된 일들에 시달리다 돌아와 보면 허무한 빈손일 때도 있고요. 내 삶에서 정말 중요한 문제가 무엇인가에 대한 성찰이 필요한 순간입니다.

어떤 날엔 물량과 힘의 논리가 우선이라 우기는 세상의 일들에 상처받은 나를 위로해 주어야 할 때도 있습니다. 이럴 땐 오래 묵은 집된장으로 끓인 된장찌개가 제격이지요. 보글보글 끓는 된장찌개가 올라온 식탁을 받으면 마음이 따끈해지면서 잊었던 식욕이 올라옵니다. 불공정한 게임에 지친 친구의 어깨를 다독이기 위해 된장찌개에의 초대를 해봅니다. 따뜻한 한 끼 식사로 친구는 물론 자신에게도 평화로운 시간이 주어질 거예요. 이런 날을 위해 잘 숙성된 집된장을 비축해 놓는 준비성 있는 태도를 권장합니다.

반창고

정신과 마음의 혼란함과 피로감이 극에 달하여 당면한 난제 앞에 우두커니 서 있는 것밖에 할 것이 없는 순간이 있어요. 그럴 땐 급하게 답을 구하려하기보다 잠시 내려 두는 전략이 좋습니다.

우선 된장찌개로 마음을 어루만져 줍니다. 그런 다음 이제 심호흡을 해 봅니다. 호흡을 길게 하면서 나의 선택들을 돌아봅니다. 마치 맹자가 나무에서 물고기를 구하는 격이라고 질타했던 것처럼 마음이 앞서서 잘못된 방식을 선택했던 것은 아닐까. 처음부터 복기해 봅니다. 성찰의 시간입니다.

더불어 읽고 생각해 보면 좋을 이야기

왕이 말했다.
"이와 같이 심한 일입니까?"
맹자가 말했다.
"아마 더 심할 수도 있습니다.
나무에서 물고기를 구하면 비록 물고기를 얻을 수는 없으나 후환은 없을 것입니다. 그런데 지금과 같이 하시면서 하고자 하는 바를 구하신다면
마음과 힘을 다하여 행하셔도 후에 반드시 화가 있을 것입

니다."
"그 내용을 더 들을 수 있겠습니까?"
"추나라 사람이 초나라 사람과 전쟁을 한다면
왕께서는 어느 쪽이 이길 거라 생각하십니까?"
"초나라가 이길 것이오."
"그렇다면 작은 것은 큰 것을 대적할 수 없고
적은 것으로 많은 것을 대적할 수 없으며
약한 것이 강한 것을 대적할 수 없다는 것입니다.
중국 안의 땅에 사방 천리의 땅을 가진 나라가 아홉인데
제나라는 그 중 하나를 가지고 있습니다.
그 하나로써 다른 여덟 나라를 복속하려는 것이
어찌 추나라가 초나라를 대적하는 것과 다르겠습니까?
역시 그 근본을 돌이켜 보아야 합니다."

> 맹자, 양혜왕상 7장: 王曰若是其甚與. 曰殆有甚焉 緣木求魚 雖不得魚 無後災 以若所爲 求若所欲 盡心力而爲之 後必有災. 曰可得聞與. 曰鄒人 與楚人戰 則王以爲孰勝. 曰楚人勝. 曰然則 小固不可以敵大 寡固不可以敵衆 弱固不可以敵彊 海內之地 方千里者九 齊集有其一 以一服八 何以異於鄒敵楚哉 蓋亦反其本矣.

맛보며

매운 낙지볶음

　매운 음식이 마구 당길 때가 있어요. 그건 눈물 콧물 흘리며 얼얼해진 입안을 쿨피스로 달래며 매운 음식에 취해보려는 취향이 발동한 것입니다. 극도로 매운 음식을 먹겠다는 것은 매운 맛으로 통각을 자극하는 동시에 그 고통을 음료로 달래는 바로 그 상황에만 집중하겠다는 뜻입니다. 그러니 매운 음식이 몹시도 당긴다는 말은 뭔가 잊고 싶은 일이 있다는 말과 같은 의미일지 모릅니다.

　요즘은 매운 요리계에 기상천외한 상품들이 즐비합니다. 뭔가 잊고 싶은 것이 많은 세태를 반영하는 현상일까요. 아니면 좀 더 센 자극을 추구하는 기호를 충족시키려는 것일까요. 불닭, 불닭발, 매운 떡볶이, 매운 냉면과 라면. 기존의 메뉴에 매운 맛을 듬뿍 추가한 요리들이 속속 등장했고 최근엔 마라 열풍이라지요. 혀가 마비될 정도로 얼얼하게 매운 맛을 낸다는 중국의 향신료 마라를 쓴 음식점이 성업 중입니다.

그런데 언젠가는 매운 음식이 생각나면 무조건 무교동이나 종로를 찾아가야 하던 때도 있었어요. 매운 음식이 아직 널리 퍼지지 않았을 때 그 동네 낙지볶음이 얼얼하기로 소문이 자자했거든요. 그렇게 한 때는 무교동의 낙지거리가 매운 음식의 성지였습니다. 지금은 온통 매운 맛 천지인 시대라 어느 한 지역을 매운맛에 특화된 곳이라 이름 붙일 수는 없습니다. 그러나 아직 그 무교동의 명성이 사라지진 않았습니다.

얼얼 낙지볶음집의 메뉴는 간단합니다. 낙지와 양념장으로 심플하게 요리 된 낙지볶음과 조개탕이 다이니까요. 고춧가루를 넣지 않은 콩나물 무침과 맑은 콩나물국은 기본으로 제공되는 반찬이고요. 조개탕과 기본 반찬들은 매운맛을 중화해 주는 역할을 합니다. 그러니 낙지볶음 단일메뉴인 셈입니다. 충분이 과하게 들어 간 마늘의 매콤함과 캡사이신의 매운 맛이 시너지를 내는 양념장에 볶아진 낙지를 한 입 입에 넣으면 머리를 띵하게 울리는 단순 명쾌한 매운 맛에 전율!

그 명쾌하게 매운 맛의 매력에 빠진 사람들은 주기적으로 자연스럽게 무교동쪽으로 향하곤 했습니다. 첫입부터 전해지는 얼얼한 자극은 그 다음을 포기하기보다 눈물을 흘리며 계속 전진하게 합니다. 그렇게 조개탕과 콩나물의 조력을 받으며 꿋꿋하게 나아가는 겁니다. 매운 낙지볶음 한 끼는 안온한 식사라기보단 좀 더 가열 찬 어떤 의식과도 같습니다. 눈물 콧물을 흘리고 머리가 띵해지면서 입안이 얼얼한 고통을 기꺼이 감수합니다. 그리고 결국 저 단순명쾌하며 자극적인 맛의 향연에 굴하지 않고 드디어 이겨냈다는 느낌으로 의기양양합니다.

매운 음식이 주는 카타르시스를 즐기는 겁니다. 나의 경우 매운 음식이 당길 때는 주로 스트레스 상황에 놓였을 때와 겹칩니다. 뭔가를 잊고 싶다든지 좀 더 단순해지고 싶다든지 하는 마음과 함께 오는 것이지요. 그리고 매운 낙지볶음은 대체로 그런 소망에 부응해 주었습니다. 음식이 주는 힐링의 기능을 적절하게 이용하는 것도 지혜로운 생활의 일부입니다.

반창고

공자는 시를 중요한 문건으로 이해하였기에 《시경》을 정리하고 이 책을 오경 중의 하나로 세워놓았습니다. 시는 인간의 정서가 담긴 문장이에요. 그러니 인간 이해를 공부의 초점으로 삼았던 공자가 시를 중요하게 여긴 건 당연한 일입니다. 공자는 《시경》의 문장들을 "생각에 거짓됨이 없다."는 한마디로 총괄했습니다. 거짓됨이 없다는 건 진정성이 있다는 말과 통합니다.

진정성 없는 말과 행동은 상대에게 상처를 줍니다. 이런 이유로 상처 입어서 아픈 날엔 거기에 매몰되어 지나치게 아파하는 대신 일단 그로부터 벗어나는 의식을 치러봅니다. 매운 음식 먹기. 이열치열以熱治熱 전법이랄까요.

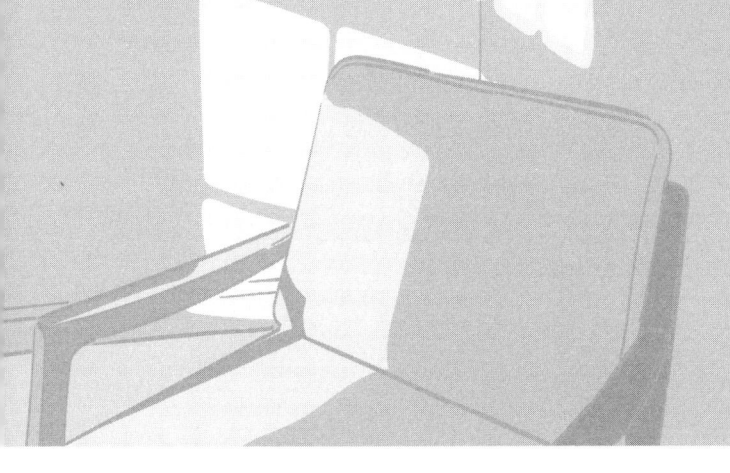

더불어 읽고 생각해 보면 좋을 이야기

공자가 말했다.
"《시경》 삼백 여 편의 시를 한마디로 하면
생각에 거짓이 없다는 것이다."

    논어, 위정 2: 子曰 詩三百 一言以蔽之 曰思無邪.

공자가 말했다.
"《시경》 관저편의 시는
즐기지만 지나치게 빠지지 않고
슬퍼하나 상하는 지경에 이르지는 않는다."

    논어, 팔일 20: 子曰 關雎 樂而不淫 哀而不傷.

공자가 말했다.
"함께 말을 해야 하는데 같이 말하지 않으면 사람을 잃고,
함께 말할 수 없는 이와 더불어 말을 하면 말을 잃는다.
지혜로운 사람은 사람을 잃지 않고 말도 잃지 않는다."

    논어, 위령공 7: 子曰 可與言而不與之言 失人. 不可與言而與
    之言 失言. 知者不失人 亦不失言.

겨울엔 냉면

메밀은 입추 무렵 파종하여 초겨울 즈음에 수확하는 곡물입니다. 생육 기간이 비교적 짧고 거친 토양에서 잘 자라기 때문에 강원도처럼 산지가 많은 지역에서 특히 많이 재배했습니다. 그래서 메밀을 주원료로 하는 냉면이 북한의 대표 음식이 되었을 겁니다. 지금도 평양냉면과 함흥냉면이 냉면의 양대 산맥으로 여겨지고 있고요.

얼마 전까지만 해도 평양냉면보다 면발이 가늘고 메밀함량이 적어서 비빔면으로 잘 어울리는 함흥냉면이 대중의 선택을 더 많이 받았습니다. 더없이 슴슴한 육수에 메밀면의 거칠면서 순진한 식감만 얹힌 평양냉면은 일부 미식가들의 전유물이었고요. 지금은 상황이 많이 달라졌어요.

모두 잘 아는 것처럼 몇 년 전부터 각종 매체에서 이른바 먹방이 유행했습니다. 먹방은 미묘한 미각을 감별하고 음식 문화를 해설하는 업그레이드한 음식관련 방송으로 진화하는 추세이고요. 여기서 평양냉면의 아무렇지도 않은 맛 속에서 진짜의 맛을 느낄 수 있는 차원 높은 미식의 경계가 선전되었습니다. 그 영향일까요. 함흥냉면의 감칠맛에 길들여졌던 사람들이 언제부터인가 평양냉면 마니아를 자처하고 나섭니다.

세상의 모든 누들을 사랑한다고 자처하는 내가 국수 본연의 맛을 훅! 들이미는 평양냉면의 매력에 빠지지 않을 도리가 없었지요. 평양냉면을 잘한다는 집을 찾아다니면서 이 음식을 즐긴 역사도 짧지 않네요. 요즘은 많은 사람들이 평양냉면집을 찾는 열풍을 보면서 잠시 비껴나 있자고 하는 중입니다만. 그래도 가끔은 한 그릇의 냉면을 위해 차가운 길로 나서곤 합니다.

메밀의 수확기가 초겨울 무렵이니 메밀 향이 가장 좋은 때는 겨울입니다. 그래서 원래 냉면은 겨울의 시절음식으로 즐겼던 것이고요. 평양냉면의 원조는 평양이겠지만 그 냉면 본래의 맛을 유지하는 것은 우리 전문점이라는 의견이 있습니다. 남북관계에 새로운 국면이 만들어지던 근간에 남북의 교류가 이루어지고 몇몇 행사가 있었습니다. 그 중 화제를 모았던 장면이 북한의 유명한 음식점인 옥류관에서 평양냉면을 시식하는 모습이었어요.

옥류관의 냉면을 경험한 사람들은 이구동성으로 우리가 평소 먹던 평양냉면과 달랐다고 했습니다. 평양에서의 그 음식은 세월을 따라 변화하면서 달라진 세대의 입맛에 맞추어지는 과정이 있었을 겁니다. 반면 우리는 한국전쟁 후에 남하한 이북 출신의 어른들이 기억하는 맛으로 내놓은 메뉴였습니다. 그런 다음 변치 않고 그 맛을 재현하는 것을 미덕으로 여겼고요. 그러니 평양냉면 고유의 맛은 우리가 더 잘 지키고 있다는 해석에 설득력이 있습니다.

어쨌든 냉면은 사시사철 즐기는 메뉴입니다만 그 중에도 매서운 추위에 눈이라도 펑펑 내린 날의 평냉을 최고로 치지요. 외로운 느낌이 들 때. 지나친 치장으로 피곤해진 스스로를 느낄 때. 나는 좀 더 외로워지거나 단순하고 착한 기분을 느끼고 싶어서 혼자 평양냉면을 찾아 나섭니다.

반창고

겉으로 드러난 장면 그 이면에 들어 있는 것을 보려면 정성과 공력이 필요해요. 쉽기로 치면 겉모양을 보고 판단해버리는 것이겠지요. 내 마음을 몰라주어 안달이 났던 경험은 누구에게든 있을 겁니다. 나 역시 다른 누군가의 마음을 모른 채 하거나 잘못 해석하기도 했겠지요. 다른 이의 마음뿐만이 아니라 자신의 마음도 제대로 헤아리지 못하고 지나치곤 했습니다. 일이 돌아가는 정황에 대해서도 마찬가지일 겁니다.

정성과 공력을 들여 바라보지 않는다면 사람의 마음도 일의 정황도 이해할 수 없어요. 음식의 맛도 그렇고요. 겉모양 속에 들어 있는 근원의 소리를 들어야만 할 때가 있습니다.

더불어 읽고 생각해 보면 좋을 이야기

양혜왕이 말했다
"나는 나라 일에 대해 진심을 다할 따름입니다.
하내에 흉년이 들면 그 백성을 하동으로 이주하게 하고
그 곡식은 하내로 보냅니다.
하동에 흉년이 들 때에도 마찬가지로 조치합니다.
이웃 나라의 사정을 보면 내가 마음을 쓰는 것처럼 하는

이가 없는데 이웃 나라의 백성이 줄지 않고
우리나라의 백성이 늘지 않는 것은 무엇 때문일까요?"
맹자가 말했다.
"왕께서 전쟁을 좋아하시니 청컨대 전쟁에 비유해 보겠습니다.
둥둥 북을 펴서 전쟁이 시작되었는데
갑옷을 버리고 병장기를 끌면서 도망치되
어떤 이는 백 보를 가서 멈추고
다른 이는 오십 보를 가고 멈추었습니다.
이 때 오십 보를 간 사람이 백 보 간 사람을
비웃는 것이 어떻습니까?"
"불가한 일입니다.
단지 백 보가 아닐 뿐 도망을 간 것은 마찬가지이니까요."
"왕께서 이와 같이 이해하신다면
백성이 다른 나라보다 많아지기를 바라지 마십시오."

맹자, 양혜왕상 3: 梁惠王曰 寡人之於國也 盡心焉耳矣. 何 內凶 則移其民於河東 移其粟於河內 河東 凶 亦然. 察隣國 之政 無如寡人之用心者 隣國之民 不加少 寡人之民 不加多 何也. 孟子對曰 王好戰 請而戰喩. 塡然鼓之 兵刃旣接 棄甲 曳兵而走 或百步而後止 或五十步而後止 以五十步笑百步則 何如. 曰不可 直不百步耳 是亦走也. 曰王如知此則 無望民 之多於隣國也.

통 크게! 꽃등심

 최근 우리나라에도 채식주의자들이 부쩍 늘어났어요. 채식주의는 지구 환경을 고민하는 맥락에서 생태주의·동물보호 등을 주장하는 이들의 선택입니다. 우리나라에서는 21세기를 목전에 두고 채식주의가 하나의 사회운동으로 태동하였습니다. 이후 한동안은 극히 소수의 사람들만이 이 운동에 참여하였지만 최근 몇 년 사이 채식인구가 가파르게 느는 추세입니다. 편의점에는 '비건'이라는 수식이 붙은 다양한 상품들이 진열되어 있고요.

 세계채식연맹[IVU]에서는 채식주의자를 "육지동물은 물론 바다나 강에 사는 물고기도 먹지 않는 사람들. 단, 우유나 계란은 취향대로 섭취할 수 있고 안 할 수도 있다."고 정의합니다. 채식주의자에는 가공하지 않은 열매와 곡식만을 먹는 가장 윗 단계에서부터 달걀과 유제품·어류 등을 선택적으로 섭취하는 다양한 형태가 포함되어 있습니다.

　이들의 주장을 듣다보면 나도 동참해야 하지 않을까 고민이 되기도 합니다. 그러나 실은 가끔씩 고기가 부쩍 당기고 그런 식성에 응답하는 것을 포기하지 못함을 고백합니다. 영화 '옥자'를 관심 있게 보았고, 양계 업계의 잔혹한 현실을 기사로 읽으며 전율한 순간을 뒤로하고 여전히 육식의 세계를 떠나지 못하고 있습니다. '식물이라고 아픈 걸 모르겠나.' 하면서요. 그렇다고는 해도 고기요리에 열광하는 편은 아니라서 먹는 횟수는 그리 많지 않습니다.

　드물지만 고기 생각이 날 때가 있고 그럴 땐 가능한 마음의 소리를 들어주는 편입니다. 드문 중의 드물게는 우습게도 '한우 꽃등심'을 갈구할 때가 있어요. 꽃등심은 소고기의 등심 중에서 가장 육즙이 진하고 고소한 맛이 강합니다. 게다가 눈꽃처럼 내려앉은 마블링의 지방이 과하지 않게 녹아들어 그 맛을 풍부하게 만들어 주고요. 당연히 그에 걸 맞는 가격이 책정되어 있습니다. 사정이 이렇다 보니 이를 식당에서 맛보려면 지불해야 할 비용이 만만치 않습니다.

　그러니 누군가 이 식탁에 나를 초대해 준다면 더 없이 만족스러울 거예요. 내 경우 고기 생각이 날 때는 대체로 뭔가 허전한 상태일 경우가 많습니다. 마음이 허전할 수도 있고 몸이 허전할 수도 있고 관계가 허전할 수도 있고요. 이 건조함을 적당한 기름기로 달래야겠다는 요구일까요. 이렇게 보면 정신적인 문제를 물리적인 처치로 치유하는 방법이 분명 존재하는 것 같습니다.

살다 보면 내가 대접 받는다는 느낌을 분명히 받고 싶을 때가 있습니다. 아마도 허전함이 밀려올 때일 겁니다. 이런 경우엔 뭣보다 음식이 그런 생각을 충족해 주는 것 같아요. 꽃등심이 아니면 어때요. 훌륭한 비건 레스토랑의 정식도 좋고, 잘 차려진 프랑스 요리도 나쁘지 않겠지요.

내 옆의 그 사람이 허허롭고 피로해 보인다면 배려의 손길을 내밀어 볼까요. '너를 위한 날이야!' 하면서 비싸고 폼 나는 음식으로 초대해 봅니다. 내가 그런 대접을 받았을 때 받은 위로와 격려를 기억하니까요.

반창고

맹자의 왕도정치는 사회적 약자를 배려하는 것에서 시작합니다. 이는 사회복지의 수준을 선진국의 지표로 여기는 오늘날의 감각과 통하는 것입니다. 맹자가 사회적 약자의 대표자로 들었던 '환과고독鰥寡孤獨'은 오늘에도 크게 다르지 않습니다. 더구나 2019년 현재 우리나라는 1인 가구의 비율이 30%에 근접하는 시대입니다. 세 집 중 한 집이 1인 가구입니다. 특히 65세 이상인 1인 가구의 수가 가파르게 증가하는 추세입니다.

세 집 중 한 집에 독거인이 살고 있는 오늘은 바야흐로 약자들의 세상일까요. 주변을 잘 돌아보는 시선이 귀한 요즈음입니다.

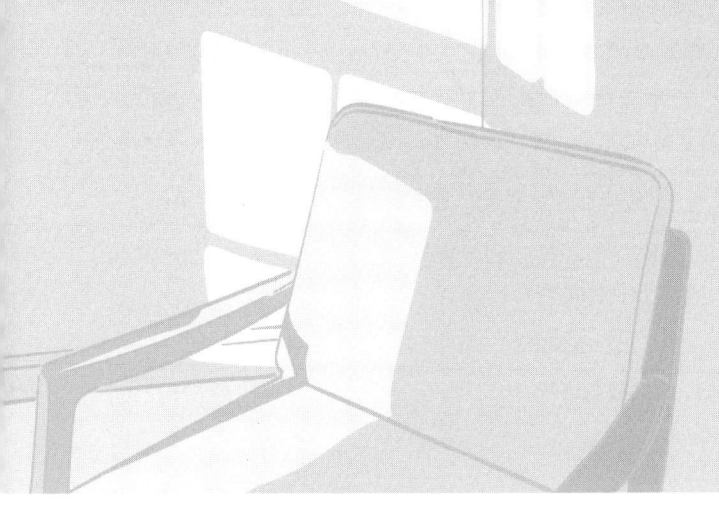

더불어 읽고 생각해 보면 좋을 이야기

왕이 말했다.
"왕도정치에 대해 들을 수 있을까요?"
대답하여 말했다.
"옛날 문왕이 기산에서 다스릴 때
농민에게는 1/9 세를 내도록 했고
벼슬하는 이에게는 대대로 녹을 주었으며
접경의 시장은 기찰만 하고 세금을 징수 하지 않았고
연못에서 그물 놓아 고기 잡는 것을 금하지 않았으며
죄를 처자에게 연결하지 않았습니다.
늙었는데 처가 없는 이를 환이라 하고
늙었는데 남편이 없는 이를 과라 하며
늙었는데 자식이 없는 사람을 독이라 하고
어린데 부모가 없는 이를 고라 합니다.
이 네 종류의 사람은 천하의 불쌍한 백성으로 하소연할 데 없는 이들입니다.
문왕이 정사를 하여 인을 시행할 때
반드시 이 네 종류의 사람들을 우선으로 하였습니다.
그래서 《시경》에서는
'넉넉한 이는 괜찮지만 이 의지할 데 없는 이들이 슬프구나'
라고 노래했습니다."

맹자, 양혜왕 하 5장: 王曰 王政可得聞與. 對曰 昔者文王之治岐也 耕者九一 仕者世祿 關市 譏而不征 澤梁無禁 罪人不孥. 老而無妻曰鰥 老而無夫曰寡 老而無子曰獨 幼而無父曰孤 此四者 天下之窮民而無告者 文王發政施仁 必先斯四者. 詩云 哿矣富人 哀此煢獨.

나를 위한 초대

음식 초대의 백미는 직접 만든 음식입니다. 서툰 솜씨로 당기지 않는 음식을 내놓느니 유명한 식당에서의 한 끼가 백 번 낫다고 여길 수도 있습니다만. 음식을 입으로만 먹는 것은 아니잖아요. 여간 가깝게 여기는 사람이 아니라면 집으로 불러서 직접 만든 음식을 허락할 순 없습니다. 그리하여 나는 내게 마음을 내어 주는 사적인 초대를 선호합니다.

자신의 집에서 손수 만든 요리를 내 놓을 요량이면 거쳐야 할 단계가 많습니다. 먼저 메뉴를 정해야 해요. 계절이나 손님의 취향, 또는 손님에게 꼭 맛보이고 싶은 것 등을 생각하면서요. 메뉴가 정해지면 거기에 필요한 식재료를 구입해야 합니다. 양념에 재워 놓는 등의 복잡한 과정이 필요한 요리라면 생각보다 많은 시간을 투자해야 합니다.

시간과 정성이 들어 간 식탁은 아름답습니다. 식탁 위의 냅킨 하나에도 초대한 이의 마음이 들어있으니까요. 길을 나서면 음식점이 즐비하니 풍미 좋은 요리를 만나기도 어려운 일이 아닙니다. 더구나 어딜 가도 그 동네 맛집이 쉽게 검색되는 요즘이니까요.

　그러나 나를 위해 메뉴를 고르고 시장을 보고 요리를 만드는 과정을 지나서 차려진 식탁이잖아요. 그런 마음이 담긴 식탁을 돈으로 살 수는 없습니다. 그러니까 단순히 한 끼의 음식을 먹는 일이 아닙니다. 나를 위해 기꺼이 내어준 그의 정성과 기다림과 시간을 받은 것입니다. 어떤 경우에는 드러난 현상의 이면이 보이고 그것 때문에 더 좋은 기분이 되기도 합니다. 나로 말하면 손수 만든 음식을 자신의 집에서 내 주는 일이 그렇습니다. 음식이라는 현상 그 안에 들어 있는 그이의 마음이 보이니까요.

　지치고 피곤한 어느 날의 뜻하지 않았던 초대, 그것도 내가 좋아하는 사람으로부터 온 식사초대. 큰 위로가 됩니다. 그런데 당연하게도 필요한 순간에 이런 일이 내게 일어나기는 어렵습니다. 그렇다면 내가 그를 위한 초대를 시도해 봅니다. 이게 유난히 마음이 복잡하고 정신이 시끄러운 날엔 오히려 스스로를 위한 치유의 시간이 될 수 있습니다.

　요리에 집중하는 한동안은 내면의 복잡한 사정이 잊혀질 수 있고요. 마침내 좋은 사람과 음식을 함께하는 긴밀한 교류를 나눕니다. 이어 초대받은 이가 감사히 여기고 있다는 마음을 느끼면 내 기분도 좋아집니다. 이런 시간은 나의 어려운 현안을 잠시 잊게 해 줄 뿐 아니라 그 고비를 넘어갈 힘을 얻게 합니다. 좋은 사람이 내 주변에 있음을 확인하고 응원을 받게 되니까요.

그런데 내가 투자한 수고의 시간이 없었다면 이런 힐링의 시간도 만날 수 없었을 겁니다. 그러니 삶은 작은 것 하나도 거저 얻어지는 법이 없음을 배우는 과정입니다. 일상에서 만나는 갖가지의 고통스런 순간들은 늘 살아서 내 주변에 잠복해 있습니다. 좋은 친구는 그 어려움을 잘 건너갈 수 있도록 돕는 유형과 무형의 힘을 보태줍니다. 문제는 그런 귀한 사람들이 문득 하늘에서 떨어지듯 내게로 오지는 않는다는 것이지요. 그러니까 내가 움직이지 않으면서 좋은 관계를 기대하는 것은 무모한 욕심입니다.

반창고

받기보다 주는 것에서 얻는 보상이 더 깊고 크다는 걸 그대도 알까. '네 마음이 힘든 걸 알고 있다.' '이겨내길 바라고 응원한다.'는 생각을 전해봅니다. 한 끼의 밥, 따뜻한 차 한 잔, 다정한 말 한 마디. 구체적인 방식으로 내 마음을 표현해 봅니다.

서恕는 나를 사랑하는 것과 같은 마음으로 상대를 대하는 자세를 말합니다. 세상 누구보다 소중한 존재는 자신이죠. 그런데 우리가 사는 세상엔 자기 자신처럼 타인을 사랑하는 마음, 때론 자기보다 더 그 사람을 사랑하는 마음이 존재합니다. 이런 마음을 나누면 그와 나는 동반 상승의 기류를 탑니다.

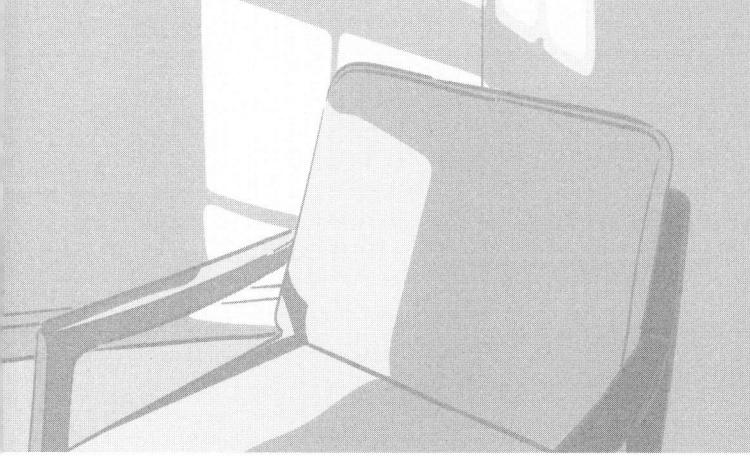

더불어 읽고 생각해 보면 좋을 이야기

자공이 말했다.
"널리 사람들에게 베풀어 많은 사람을 구제할 수 있다면
어떻습니까, 인하다고 할 수 있습니까?"
공자가 말했다.
"어찌 인하다고만 하겠는가. 반드시 성인이라 할 수 있다.
요순도 오히려 잘 못한다고 여겼던 일이다.
대체로 인이라는 것은
자기가 서고 싶은 곳에 다른 이가 설 수 있게 돕고
자기가 도달하려는 데에 다른 사람이 도달할 수 있도록
해 주는 것이다.
자신과 가까운 데에서 비유를 취할 수 있으면
인을 행하는 방법이라 할 수 있다."

> 논어, 옹야 28: 子貢曰 如有博施於民 而能濟衆 何如 可謂仁乎. 子曰 何事於仁 必也聖乎. 堯舜 其猶病諸 夫仁者 己欲立而立人 己欲達而達人. 能近取譬 可謂仁之方也已.

자공이 질문하였다.

"한마디로 평생토록 지킬만한 말이 있습니까?"

공자가 말했다.

"'서'일 것이다.

이는 자기가 하고자 하지 않는 일을 다른 이에게 미루지 않는 것이다."

> 논어, 위령공 23: 子貢問曰 有一言而可以終身行之者乎 子曰 其恕乎 己所不欲勿施於人.

밀크티 맛집

올겨울 수도권에는 눈다운 눈이 내리지 않았고 최고 기온이 영하로 내려간 날도 많지 않았습니다. 삼한사온이란 오래된 겨울 날씨의 공식은 깨어진 지 오래라 하고요. 오늘 신문에는 사막에 비가 내리고 핀란드의 나무에 파란 잎이 남아있는 이번 겨울의 고온현상이 보도되었습니다. 지구의 온도가 상승하는 경향은 부인하기 어려운 현실입니다.

올겨울은 작년에 비해도 너무 따뜻해서 전반적 고온 현상의 경향에서도 벗어난 것처럼 보입니다. 다음 겨울을 만나보아야 올겨울의 정체를 좀 더 분명하게 알 수 있을 것 같습니다. 개인의 살림살이로 보면 춥지 않은 겨울이 고맙기도 하지요. 보다 자유로운 활동이 가능하니까요. 자동차를 운전하게 된 이후로는 특히 겨울의 눈길을 불편해 합니다. 그럼에도 불구하고 쌓인 눈을 볼 수 없고 한강 결빙이 한 번도 없는 겨울은 영 낯설기만 합니다.

사계절이 뚜렷한 지역에 사는 이들에겐 각 계절의 추억들이 삶의 이야기가 됩니다. 특히 극적인 날씨, 예컨대 혹한에 눈이라도 쌓여있는 배경이라면 훨씬 인상적인 이야기의 소재가 됩니다. 누구라도 이런 배경에서의 일화 몇 가지쯤은 가지고 있을 겁니다. 매서운 제주의 겨울바람과 순식간에 쌓이는 눈은 경이로울 지경이었고요. 한겨울 펑펑 내리는 눈길에 인적은 없고 우리 둘만 발자국 네 개를 만들며 걸었던 그 길의 달뜬 감정은 거짓말 같은 기억입니다.

요즘엔 캠핑문화가 대중화 되어서 계절을 불문하고 캠핑을 즐기는 캠퍼들이 많습니다. 겨울날의 에피소드라면 야외에서의 것이 더 극적이겠지요. 겨울의 캠퍼들에겐 더 많은 사연들이 생산될 겁니다. 추운 날 길 위에서라면 커피보단 달콤한 밀크티가 제격입니다. 우유에 녹차나 홍차를 넣고 뭉근한 불에서 끓어오를 때까지 끓이는데 꿀이나 연유를 첨가해 주면 달달한 맛을 낼 수 있습니다. 따끈한 밀크티 잔을 손에 쥐고 추운 길 위에 서면 완벽한 그림이 됩니다. 여기야 말로 밀크티 맛집입니다.

게다가 동행의 친구가 만들어 준 한 잔의 밀크티는 추운 길의 더할 나위 없는 위로입니다. 그런데 추운 길이 꼭 눈 쌓인 겨울날 뿐이겠습니까. 한여름에도 시린 날은 있습니다. 그런 추운 날엔 달달한 밀크티로 스스로를 위로해 보는 것도 나쁘진 않을 거예요. 그럴 때라면 당연히 옆에서 내게 차를 내어 줄 친구가 없을 테니까요.

    그렇다고 낙담하진 말고요. 그저 나를 위해 조금만 움직여 봅니다. 우유를 불에 올리고 얼그레이 찻잎을 넣은 다음 천천히 끓어오르길 기다린 뒤에 불을 끕니다. 찻잎을 걸러 내고 꿀을 넣은 다음 잘 저어 줍니다. 평소에 넣지 않던 꿀을 달콤한 맛이 날 정도로 첨가해 주는 것이 이번 밀크티의 포인트입니다. 내가 가진 가장 예쁜 찻잔을 사용하는 것도 잊지 말고요.

반창고

나 스스로를 위로하는 방법들을 개발해 내는 것도 인생의 길을 잘 걸어가기 위한 팁입니다. 그래서 이번엔 인스턴트 차 대신 약간의 정성이 들어가는 차를 만들어 보는 거예요. 온전히 나를 위해서요. 그렇게 만든 차를 예쁜 찻잔에 담고 좋아하는 음악과 함께 즐기면 됩니다.

더불어 읽고 생각해 보면 좋을 이야기

공자가 구이에서 살고 싶다고 하자 어떤 이가 물었다.
"누추한 곳에서 어떻게 머무시겠습니까?"
공자가 말했다.
"군자가 살고 있는데 어찌 누추함이 있겠는가."

> 논어, 자한 13: 子欲居九夷 或曰 陋如之何. 子曰 君子居之 何陋之有.

밥은 도정한 것을 싫어하지 않았고
회는 가늘게 썬 것을 싫어하지 않았다.
밥이 상하여 맛이 변하고, 생선이 상하고 고기가 부패한 것
등을 먹지 않고
색이 나쁜 것을 먹지 않았으며 냄새가 나쁜 것을 먹지 않고
조리가 잘못된 것을 먹지 않았으며
때가 아니면 먹지 않았다.
자른 것이 바르지 않으면 먹지 않았고
어울리는 장을 얻지 못하면 먹지 않았다.
고기가 비록 많더라도 밥 기운을 이기게 하지 않았고
오직 술은 양을 정해 두지 않았지만
어지러운 지경에 이르지 않았다.
사온 술과 시장에서 파는 포를 먹지 않았고

생강 먹는 것을 그만두지 않았으며 많이 먹지 않았다.
나라의 제사에서 얻은 고기는 밤을 넘기지 않았으며
제사지낸 고기는 3일을 넘기지 않았고 3일이 넘으면 먹지
않았다.
식사 중에는 말하지 않았고 잠자리에서도 말하지 않았다.
비록 거친 밥과 야채 국이라도 반드시 제사를 지냈는데
이 때 반드시 마음을 가다듬었다.

> 논어, 향당 8: 食不厭精 膾不厭細. 食饐而餲 魚餒而肉敗 不食 色惡不食 臭惡不食 失飪不食 不時不食. 割不正 不食 不得其醬 不食. 肉雖多 不使勝食氣 唯酒無量 不及亂. 沽酒市脯 不食 不撤薑食 不多食. 祭於公 不宿肉 祭肉 不出三日 出三日 不食之矣. 食不語 寢不言. 雖疏食菜羹 瓜齊 必齊如也.

맛보며

어린 시절 나의 사과[apple]

우리나라 토종 사과는 능금으로 그 재배의 역사가 길다고 하나 문헌에서 확인되는 것은 고려시대의 《계림유사鷄林類事》가 처음이라 합니다. 이 책에서는 임금林檎이란 이름으로 나오는데 임금이 능금의 어원이라 하고요. 오늘의 우리가 알아볼 수 있는 사과는 19세기 말 미국의 선교사들이 들여 온 개량종입니다. 20세기에 들어서면서 원산에 과수원을 만들어 국광과 홍옥 등의 품종을 전문적으로 재배하기 시작합니다. 이 두 품종은 나의 기억 속의 사과들입니다. 이들은 20세기의 70여 년을 대세로 살다가 서서히 그 역사의 뒤안길로 사라졌습니다.

요즘 흔히 볼 수 있는 사과의 품종은 부사가 대세이고 홍로 등 몇몇 품종이 그 곁을 살짝 채우는 정도입니다. 나의 추억 속의 사과, 국광과 홍옥은 이제는 찾아보기 어려운 품종이 되었습니다. 내 어린 시절의 겨울 과일은 사과와 배, 그리고 귤 정도가 다였습니다. 배는 어른들의 것이었고 귤은 사과만큼 흔하지 않았어요. 그나마 사과가 친근한 과일이었습니다. 사과 중에서도 단면이 터진 국광은 열과라 불렸는데 이들은 시세보다 싼값으로 거래되었습니다.

초등학교도 들어가기 전의 어린 나는 사과를 무척이나 좋아했습니다. 일터에서 돌아오는 내 엄마의 짐 속에는 늘 나를 위한 사과 봉투가 들어있었습니다. 지금 돌아보면 사과를 사는 일이 녹록지 않은 살림이었을 텐데요. 엄마의 품에 안기며 나의 후각은 향긋한 사과를 느끼곤 했습니다. 봉투 안의 사과는 열과일 때가 많았는데 난 그 터진 사과를 좋아했어요. 더 달았으니까요. 작은 꼬마가 서너 개의 사과쯤 게 눈 감추듯 했으니 사과공주 닉네임이 무색하지 않았습니다. 망설임 끝에 끝내 사과 봉투를 손에 넣었을 내 엄마의 그 커다란 눈매와 수분이 풍부하고 단맛이 좋은 국광의 순진한 빛깔은 오늘도 그리움으로 남아있습니다.

홍옥의 새큼달큼한 매력도 잊기 어렵지요. 그 시절엔 겨울에 먹을 수 있는 과일의 종류는 적었지만 사과의 품종만은 지금보다 훨씬 다양했습니다. 세월이 지나고 1980년대를 넘어가면 귤도 흔해지고 우리 집의 살림도 그 어린 시절보단 나아졌을 겁니다. 여전히 사과를 좋아했지만 사과에 대한 기억도 꼬마 때의 추억만큼 강렬하진 않게 되었습니다. 대학 시험을 앞둔 날 내 아버지가 아무 말씀 없이 사과 봉투를 건네주던 딱 한 장면을 제외하면요.

아무리 추운 겨울날이라도 큰 상점의 진열대엔 열대 과일이 즐비하고 멋없이 커다란 사과도 고급진 자태를 뽐내고 있습니다. 내가 아무리 망고의 매력에 빠지고 겨울딸기의 짙은 향을 즐긴다 해도 이들이 내 어린 시절의 열과를 이길 수는 없습니다. 사과 품종의 끝판왕이라는 부사와 홍로도 그저 몇 조각이면 그만이고요. 맛은 있는데 나를 끌어당기는 매력이 없는 걸까요. 이젠 사과를 좋아한다고 말하긴 어렵게 되었습니다.

기억 속의 소울 푸드 열과. 더 이상 만날 수 없는 것이라 아쉽기 그지없습니다. 그러나 그때의 기억은 여전히 내 안에 남아 생활에 지친 나를 위로해줍니다.

반창고

여기서 치이고 저기서 당하고 사면초가四面楚歌로 비틀거리며 집으로 돌아온 날. 방에 불을 켤 힘도 남아있지 않은 그런 날엔 침대로 직행하여 잠에 빠지고 싶습니다. 내 엄마의 짐 속에 들어 있었던 사과의 향긋한 향을 느끼며 포근한 그 품에 안기던 기억을 자장가 삼아서요.

더불어 읽고 생각해 보면 좋을 이야기

공자가 말했다.
"덕을 지닌 이는 외롭지 않으니 반드시 이웃이 있다."
   논어, 이인 25: 子曰 德不孤 必有隣.

자장이 잘 통할 수 있는 방법을 묻자 공자가 말했다.
"말에 진심을 담고 믿음이 있으며 행동이 독실하고 공경스러
우면 비록 오랑캐의 나라라 해도 잘 통할 수 있을 것이다.
말에 진심이 없고 신뢰도 없으며 행동은 독실하지 않고
공경스럽지도 않다면 비록 주나라처럼 잘 갖추어진
행정단위라도 통할 수 있겠는가?
서 있을 땐 그것이 앞에 참여하고 있듯이 보고
수레를 타고 있을 때에는
그것이 멍에에 기대어 있는 것처럼 보아야 한다.
그런 다음에야 잘 통할 수 있다."
자장이 이 말씀을 띠에 썼다.
   논어, 위령공 5: 子張問行. 子曰 言忠信 行篤敬 雖蠻貊之邦
   行矣. 言不忠信 行不篤敬 雖州里 行乎哉. 立則見其參於前
   也 在輿則見其倚於衡也 夫然後行. 子張書諸紳.

잔치국수의 변주

잔치국수는 이름처럼 화려하기보단 소박한 한 그릇 음식입니다. 비교적 만들기도 쉽고 시간이 많이 걸리지도 않는 간편식이지요. 내겐 사시사철 언제라도 환영인 메뉴입니다. 어디 한군데 걸림이 없이 목을 타고 부드럽게 넘어가는 면발의 유연함과 담백한 국물의 담백한 조화가 일품이고요.

멸치와 다시마로 육수를 준비하고 소면을 삶아내면 요리 끝입니다. 멸치와 다시마를 건져낸 육수에 큼직하게 썬 대파를 넣고 물을 뺀 소면에 부어줍니다. 나는 여기까지의 공정으로 마무리된 맛을 좋아하는 편입니다. 더 이상 깔끔할 수 없는 맛이거든요. 큼직하게 썰어 넣은 달큼한 파 향을 느끼며 국물을 한 모금 마신 다음 흰 소면을 입 안 가득 건져 올립니다. 많이 씹을 것도 없이 목을 타고 저 안으로 부드럽게 유영해 들어가는 느낌이 따뜻합니다.

　친구를 초대하여 이 국수를 낼 때라면 몇 가지 공정을 더해서 나의 정성을 표시할 수도 있습니다. 고명 몇 가지를 첨가하여 보다 풍성한 한 그릇이 되도록 하는 겁니다. 고명은 두 가지면 충분하지만 특별히 고기고명을 추가하기도 합니다. 그러니까 애용하는 기본 고명은 호박볶음과 달걀지단입니다.

　흰자와 노른자를 분리해서 얇게 부쳐 낸 다음 채로 써는 달걀지단은 음식의 모양을 내는 데에 갑이지요. 흰색과 노란색의 선명한 대비가 주는 고급지게 화려한 느낌이 시각을 충족시키고 다른 재료와 잘 어우러져 내는 고소한 풍미는 덤이라 하겠습니다. 호박은 채를 쳐서 기름에 볶아주면 되는데 소금과 후추로 간을 합니다. 이 세 가지 색의 고명을 앞의 국수 위에 얹어주면 잔치라는 말이 무색하지 않을 비주얼이 됩니다.

　어떤 이는 유럽의 어느 마을에서 머물 때 쌀국수식당에서의 쌀국수 한 그릇이 그렇게 고마웠다고 하더군요. 국물 음식이 드문 동네라 뜨끈한 국물이 있는 쌀국수가 좋았고 소박한 식당의 풍경이 엄마 집에서의 밥 한 끼를 연상하게 했답니다. 그렇게 쌀국수는 그에게 소울푸드 Soul food 가 되었다는 것이지요. 그러고 보면 사람의 영혼을 감싸주고 고향과 같은 아늑함을 느끼게 하는 소울푸드는 화려하기보다 소박한 것이 많은 듯합니다.

누구에겐 감기 때 따끈한 치킨수프가 힘을 나게 하는 음식이라 하고, 어떤 이는 라따뚜이가 그렇다고 할 거예요. 김치찌개나 된장찌개를 꼽기도 하겠지요. 그리고 한 사람의 영혼을 달래주는 음식은 때에 따라 다양하게 선택되기도 할 겁니다. 내게 잔치국수는 뭔가 한 고비를 넘었을 때 특히 생각나는 음식입니다. 방금 힘든 상황을 마치고 피로해진 상태인데 배는 고프고 무거운 음식을 먹기는 부담스러운 그런 순간에요.

　어서 집으로 돌아오고 싶어서 서둘러 귀가를 했는데 집에 먹을 건 없고 배는 고프잖아요. 그렇다고 인스턴트 음식으로 배를 채우는 것은 마뜩잖습니다. 그럴 때 멸치와 다시마로 육수를 내고 파를 잔뜩 넣은 다음 소면을 말아서 입에 넣는 순간에 나는 압니다. 움직이는 것이 옳았음을. 애썼다고 스스로를 위로하며 뜨끈한 국수 한 그릇을 시원하게 먹어주는 겁니다. 순식간에 만족스러워지고 이제는 더 충분히 휴식할 수 있습니다.

반창고

피곤하고 배도 고픈데 식당에 갈 마음은 없어서 급히 귀가한 어느 날. 간단하지만 좋아하는 한 그릇 음식을 만들어 봅니다. 수고했던 오늘의 나를 위해서 말이에요. 잔치국수에는 김치만 곁들여도 완벽한 식탁이 됩니다.

더불어 읽고 생각해 보면 좋을 이야기

공자가 말했다.
"마을은 인한 것이 아름다우니 잘 선택하여 인한 곳에 머무르지 않는다면 어떻게 지혜롭다 할 것인가!"
　논어, 이인 1: 子曰 里仁爲美 擇不處仁 焉得知.

공자가 말했다.
"도에 뜻을 두었다고 하면서 초라한 옷이나 나쁜 음식을 부끄러워하는 자와는 함께 의미 있는 대화를 하기에 부족하다."
　논어, 이인 9: 子曰 志於道而恥惡衣惡食者 未足與議也.

공자가 말했다.

"군자는 섬기기는 쉽지만 기쁘게 하기는 어렵다.
기쁘게 할 때 도에 근거하지 않는다면 기뻐하지 않으며
그가 사람을 부릴 때에는 각자의 그릇에 맞추어서하기
때문이다.
반대로 소인은 섬기기는 어렵고 기쁘게 하기는 쉽다.
기쁘게 할 때에 비록 도에 근거하지 않더라도 기뻐하며
그가 사람을 부릴 때에는 갖추어지기만을 구하기 때문이다."

논어. 자로 25: 子曰 君子 易事而難說也. 說之不以道 不說也. 及其使人也 器之. 小人 難事而易說也. 說之雖不以道 說也. 及其使人也 求備焉.

맛보며

파운드 케이크로 충전

"다른 사람이 알아주지 않아도 평온할 수 있다면 또한 군자가 아니겠는가."라는 말은 《논어》첫 문장의 마지막 구절입니다. 이 앞에는 "배우고 배운 것을 때에 맞게 잘 익힐 수 있다면 또한 기쁘지 않겠는가. 벗이 있어 먼 곳으로부터 찾아와 주면 또한 즐겁지 않겠는가."라는 말이 나옵니다. 《논어》학이편의 첫 문장은 이 책에 관심이 있는 이라면 누구나 익히 아는 말입니다.

이 문장에 대한 특이한 경험이라면 읽는 시기에 따라 주목하는 문구가 달랐다는 것입니다. 《논어》를 비롯한 고전의 특징은 읽는 시기에 따라 깊이가 다른 독서가 가능하다는 겁니다. 그래서 20세에 읽는 《논어》와 50세에 읽는 《논어》는 완전히 다른 책처럼 받아들여질 수 있습니다. 그러니 하나의 고전을 시기를 달리하여 여러 번 읽으며 자신의 삶을 돌아보는 것은 흥미로운 실험입니다.

처음 《논어》를 읽었던 때부터 줄곧 학이편 첫 문장의 첫 번째 구문에 관심을 두었습니다. '배움[學]' '때, 시간[時]', '학습, 익힘, 실천[習]' '기쁨[說=悅]' 등의 키워드는 다양한 사색의 계기를 주었으니까요. 상대적으로 두 번째와 세 번째 구문에는 관심이 덜 갔습니다. 그 중에서도 세 번째 문장이 3등이었어요. 사람에 대한 중요함이 특히 염두에 있을 때에는 두 번째 문장을 관심 있게 바라보곤 했으니까요.

그런데 최근에는 지금까지와 달리 "다른 사람이 알아주지 않아도 평온할 수 있다면 또한 군자가 아니겠는가."라는 마지막 구문의 진한 울림에 호응하는 중입니다. 자존감의 사전적 의미는 "자신에 대한 존엄성이 타인들의 외적인 인정이나 칭찬에 의한 것이 아니라 자신 내부의 성숙된 사고와 가치에 의해 얻어지는 개인의 의식을 말한다."는 것입니다. 자존감이 화두가 된 근간에 《논어》의 이 문장을 읽으며 '바로 이거네!' 하게 되었습니다.

전에는 건조하게 넘겼던 글이었는데 현안을 고민하던 과정에서 새삼 무릎을 치게 되었던 것입니다. 공자의 생각은 자존감을 높이자는 것이구나. 자존감이 높을수록 행복지수도 높다하니 공자의 《논어》는 행복하게 사는 법을 이야기하려는 것이었구

나. 그러니 유학을 공부하기로 한 나의 선택이 썩 괜찮은 결정이었음을 깨닫게 됩니다.

이렇게 나의 공부는 자존감 강화 훈련의 과정과 다른 말이 아님을 자각합니다. 그렇다고는 해도 불현듯 자존감 추락의 순간과 마주하는 일을 피할 수 없습니다. 세상에는 온통 잘난 사람들로 넘치는데 나는 능력도 부족하고 운마저 따라주질 않는다는 신세한탄으로 한없이 왜소해집니다. 그러나 이런 마인드는 나를 위해 무익한 것입니다. 도움이 안 될 뿐만이 아니라 스스로를 해치는 생각입니다. 그러니 비교하는 마음에서 벗어나야 합니다. 개별 존재로서의 나 자신에 더 집중해야 합니다.

그런데 신세한탄에 빠져 있을 때에 바로 이런 생각을 내기는 어렵습니다. 생각을 돌릴 수 있는 계기가 있어야겠지요. 일단 가라앉은 마음을 달래주어야 합니다. 이럴 땐 단단한 질감일 것 같지만 입에 넣으면 바로 부서지며 부드러워지는 파운드 케이크가 좋겠어요. 진득한 버터 향에 녹아 있는 달콤함이 허한 마음을 채워줄 겁니다.

파운드 케이크란 이름은 밀가루:버터:설탕의 비율이 1:1:1로 각 재료를 1파운드씩 넣었다는 데서 왔습니다. 듬뿍 들어간 버터와 설탕이 내는 묵직한 단맛이 매력적이지만 평소라면 선뜻 선택을 주저하게 하는 고칼로리의 빵입니다. 그러나 지금처럼 에너지 보충이 절실한 순간이라면 안성맞춤이지요. 우유와 파운드 케이크은 썩 잘 어울리는 조합입니다. 달콤하고 든든하게 배를 채우고 마음을 달랜 다음에 국면 전환을 꾀해봅니다.

반창고

위축된 마음에 밥맛도 사라버린 날엔 파운드 케이크입니다. 작아진 자아를 버터 향 가득하고 달달한 맛으로 응원해 줍니다. 방전된 자존감에 충전을 시작하는 것이지요. 우선 입으로부터! 음식이 주는 위안으로 마음의 평정을 되찾는 겁니다.

더불어 읽고 생각해 보면 좋을 이야기

공자가 말했다.

"배우고 때에 맞게 익히면 또한 기쁘지 않은가!
벗이 있어서 먼 곳으로부터 오면 또한 즐겁지 않은가!
다른 이가 알아주지 않더라도 평온할 수 있다면 또한 군자가 아니겠는가!"

> 논어, 학이 1: 子曰 學而時習之 不亦說乎. 有朋自遠方來 不亦樂乎. 人不知而不慍 不亦君子乎.

공자가 말했다.

"군자는 아홉 가지를 생각함이 있어야 한다.
보는 것은 밝을 것을 생각하고, 듣는 것은 슬기로울 것을 생각하며, 얼굴빛은 따뜻하게 할 것을 생각하고, 모습은 공손할 것을 생각하며, 말은 진심을 다할 것을 생각하고, 일을 할 때에는 공경할 것을 생각하며, 의문이 있을 때에는 질문할 것을 생각하고, 분노가 일면 어려워질 것을 생각하며, 얻을 것이 보이면 올바른 것인지를 생각한다."

> 논어, 계씨 10: 孔子曰 君子 有九思 視思明 聽思聰 色思溫 貌思恭 言思忠 事思敬 疑思問 忿思難 見得思義.

코코뱅으로 위로

14세기의 유럽에선 흑사병[페스트]이 창궐하여 인구의 1/3~1/4이 죽었다는 기록이 전합니다. 잃어버린 인구수를 회복하기까지는 두 세기를 기다려야 했습니다. 우리나라에서도 다양한 전염병이 사람들의 생명을 위협했습니다. 역병疫病은 전염병을 총칭하고 병명에 역疫자가 들어간 다양한 질환이 존재했었지요. 역자는 붙지 않았지만 천연두로 더 잘 알려진 두창은 20세기 중반까지 우리들 세상에서 그 위력을 떨쳤습니다. 염병染病이란 말이 심한 욕으로 사용되는 것에서도 그 가혹함이 짐작됩니다.

인류의 역사와 문화에 막대한 영향을 끼친 사건으로 전염병의 유행을 든 연구들도 많이 있습니다. 전염병은 사람의 생명을 앗고 사람들의 생태계를 흔드는 무서운 사건이었습니다. 20세기 이후로는 전통적인 전염병에 의해 대규모의 혼란이 벌어지는 일은 더 이상 없었습니다. 각종 전염병의 병원을 차단하는 백신의 개발은 인류역사의 진전임에 틀림이 없습니다.

대신 전에 없던 바이러스에 의한 전염병들이 세상을 떠들썩하게 하곤 합니다. 그리고 오늘의 전염병은 이전 시대처럼 대단위로 생명을 잃는 일은 없어진 대신 대륙의 경계가 없이 세계 방방곡곡으로 퍼져나갑니다. 사람들의 활동 영역에 경계가 없고 병은 사람들을 따라 다닙니다. 사스$^{\text{evere Acute Respiratory Syndrom, SARS}}$, 메르스$^{\text{Middle East Respiratory Syndrome}}$, 에볼라$^{\text{ebola hemorrhagic fever}}$ 등이 21세기 들어 세계적으로 유행했던 감염병입니다. 우리도 에볼라를 제외한 두 전염병으로 곤욕을 치른 바 있지요.

지금 한창 유행하고 있는 신종 코로나 바이러스$^{\text{2019-nCoV}}$에 의한 전염병도 앞의 두 질병처럼 호흡기 질환을 동반한 전염병입니다. 이 병이 시작된 중국의 우한에서는 수만 명이 감염되고 그 중 수백 명이 죽는 상황*입니다. 한국은 중국을 왕래한 이들에 의해 전파된 감염자 수가 열 명을 넘어서는 현재진행의 상황입니다. 우리 정부의 대처가 이전과 달라서 다행이라 여기지만 조심하지 않을 수 없는 분위기입니다.

---

* 이 글을 쓴 시점은 코로나19의 전파가 변곡점을 그리기 이전인 2020년 2월 초반이다.

오늘도 온라인 공간에서는 유용하거나 무용한 갖가지 정보들이 넘실댑니다. 사람들은 불안과 공포를 안고 스마트폰 화면에 시선을 고정합니다. 이런 심리상태는 반드시 우울함을 초래할 겁니다. 어쩌면 바이러스보다 나쁜 영향을 받을 수도 있겠지요. 이럴 땐 나의 우울한 정서를 해소하기 위해서라도 움직일 필요가 있겠습니다.

몸을 든든하게 해 줄 음식을 사이에 두고 다운된 기분을 달래는 한편으론 영양보충으로 면역력을 기르는 겁니다. 이럴 때 메뉴로는 와인을 듬뿍 넣고 오래 끓이는 닭요리 코코뱅$^{coq\ au\ vin}$이 좋겠네요. 프랑스어 코크^{coq}는 수탉[rooster 또는 cock]을, 뱅^{vin}은 와인을 뜻합니다. 그러니 코코뱅은 '와인에 넣은 수탉[rooster in wine]', 매우 직설적으로 음식을 설명하는 이름입니다.

이는 프랑스 부르고뉴 지방의 대표적인 닭고기 요리였습니다. 이후 프랑스를 대표하는 음식이 되었고요. 한 나라의 대중적인 음식이 흔히 그렇듯 코코뱅도 집집마다 그 레시피가 다르다고 합니다. 나는 비교적 간단한 레시피를 선택했습니다. 올리브오일에 버터를 녹인 팬에다 베이컨을 넣어 기름을 낸 다음 양파, 마늘, 샐러리, 감자 등을 넣고 한바탕 볶은 뒤에 볶은 재료를 건져냅니다. 이 팬에 물을 부어 육수를 냅니다. 다른 팬에 또 한 번 올리브오일에 버터를 녹이고 이번엔 밀가루와 후추를 입힌

닭을 구워요. 앞뒤로 익혀 준 다음 고기에 볶은 채소를 함께 넣은 후 육수와 와인을 2:8의 비율로 부어줍니다. 그리곤 모든 재료가 부드러워질 때까지 끓여줍니다.

친구가 도착하면 완성된 음식을 그릇에 담고 버터에 볶은 버섯을 고명으로 올려줍니다. 코코뱅은 색감이 그리 아름답진 않지만 풍미는 매우 좋은 음식입니다. 모든 재료가 부드러워질 때까지 조리했기 때문에 부담 없이 먹을 수 있는 요리이고요. 이제 와인 한 잔을 곁들이면 완벽합니다.

반창고

적당하게 손이 가고 시간도 평균 이상으로 드는 음식으로 초대 받았을 때의 가벼운 감동을 친구에게 선물합니다. 수고를 들여 타인을 위로하는 순간에 내겐 착한 도파민(나쁜 도파민은 피해야 할 것!)이란 신경전달물질이 만들어집니다. 그리하여 초대한 이도 초대받은 사람도 모두 행복해지는 순간입니다. 불안과 우울을 이겨내는 묘약입니다.

더불어 읽고 생각해 보면 좋을 이야기

공자가 말했다.
"도움이 되는 세 종류의 벗과
손해가 되는 세 종류의 벗이 있다.
정직한 이를 벗하고 믿을 만한 이를 벗하고
많이 들은 이를 벗하면 이익이 된다.
편벽된 이를 벗하고 잘 구부러지는 이를 벗하고
말만 잘하는 이를 벗하면 손해가 된다."

논어, 계씨 5: 孔子曰 益者三友 損者三友. 友直 友諒 友多聞 益矣. 友便辟 友善柔 友便佞 損矣.

공자가 말했다.
"덕을 지닌 이는 외롭지 않으니 반드시 이웃이 있다."

   논어, 이인 25: 子曰 德不孤 必有隣.

자장이 공자에게 인에 대해 묻자 공자가 말했다.
"다섯 가지를 세상에서 행할 수 있다면 인을 행한다고 할 수 있다."
자장이 그 내용 듣기를 청하자 공자가 답했다.
"공손함, 너그러움, 신뢰, 민첩함, 은혜 이 다섯 가지다.
공손하면 수모를 당하지 않을 수 있고
너그러우면 많은 사람을 얻을 수 있으며
신뢰가 있으면 다른 사람이 믿고 의지하고
민첩하면 공을 세울 수 있으며
은혜로우면 충분히 다른 사람을 부릴 수 있다."

   논어, 양화 6: 子張問仁於孔子 孔子曰 能行五者於天下 爲仁矣. 請問之. 曰 恭寬信敏惠. 恭則不侮 寬則得衆 信則人任焉 敏則有功 惠則足以使人.

순진한 음식으로 안정 찾기

"그대가 무엇을 먹는지 말하라, 그러면 나는 그대가 누군지 말해보겠다."라는 말은 18세기 프랑스의 법관이자 미식평론가인 장 앙텔므 브리야 사바랭$^{Jean\ Anthelme\ Brilliat-Savarin}$의 저서 《미각의 생리학》*에 나옵니다. 그가 평소에 먹는 음식을 보면 그 사람의 사회적 계급과 건강 상태에다 철학적 기반까지 포함한 성향을 알 수 있다는 말입니다. 오늘까지 이 말이 자주 인용되는 것을 보면 많은 사람들이 여전히 그의 말에 동의하는 것 같아요.

오늘의 채식주의자들 중에 환경문제를 고민하고 동물학대에 반대하는 이들이 많이 포함되는 것을 보면 식생활에 철학이 관

---

* 《미각의 생리학》의 원제는 《Physiologie du Goût》이고 우리나라 번역서는 《미식예찬》이란 제목으로 출간되었다.

여한다는 사실을 확인 할 수 있습니다. 채식주의자는 육식을 피하고 식물을 재료로 만든 음식만을 먹는 사람을 이르는 말입니다. 이들은 먹는 음식에 따라 프루테리언fruitarian, 비건vegan, 락토 베지테리언lacto-vegetarian, 오보 베지테리언ovo-vegetarian, 락토오보 베지테리언lacto-ovo-vegetarian, 페스코 베지테리언pesco-vegetarian, 폴로 베지테리언pollo-vegetarian, 플렉시테리언flexitarian 등의 여러 단계로 구분됩니다.

과일과 곡물 등 가공하지 않은 식물의 열매만을 허용하는 가장 엄격한 수준의 프루테리언에서 가끔의 육식을 허용하는 플렉시테리언까지 그 단계가 촘촘합니다. 난 의식적인 채식주의는 아니지만 식습관으로 보면 플렉시테리언 쯤에는 들어갑니다. 게다가 사찰음식을 좋아하는 걸 보면 비건의 소질을 갖고 있는 것 같습니다. 그러나 불시에 강하게 육류를 원하는 때가 있고 그런 취향을 따르는 편이라 비건으로 자처할 순 없겠습니다.

오늘 신문에서 우리 사찰음식이 르 꼬르동 블루Le Cordon Bleu의 정식과목으로 채택되었다는 기사를 보았습니다. 사찰음식 셰프로 유명한 선재스님의 시연을 참관하던 이 학교의 교장들이 20년 묵은 사찰의 간장 맛에 놀라움을 금치 못하였다고 합니다. 2017년 넷플릭스Netflex에서 방영된 〈셰프의 테이블Chef's Table〉에서는 또 한 명의 사찰음식 전문가가 소개된 바 있습니다. 스님이

텃밭에서 작물을 재배하는 모습에서부터 저장음식을 만드는 과정들이 영상을 통해 전 세계로 송출되었습니다. 이 모든 과정을 장악하고 사찰의 부엌에서 자유자재로 놀라운 비주얼의 음식을 만들어 내는 정관스님의 활약이 세계적 반향을 일으켰습니다. 이 영상이 르 꼬르동 블루에서 사찰음식에 관심을 갖게 된 계기가 되었다 하고요.

서구에서 시작된 채식주의의 바람은 21세기에 들어와 전 세계적으로 확산되는 추세입니다. 이런 분위기에 따라 비건들의 식단과 그들을 위한 식당의 메뉴도 진화되는 중입니다. 비건을 위한 기존의 식단은 다양하지 못했어요. 좋은 생각을 추구하는 대신 맛을 포기하는 것을 당연하게 생각하기도 했고요. 그런데 이제는 올바른 음식이란 정의를 넘어서 맛도 좋고 보기에도 좋은 음식을 바라는 비건들의 희망이 반영되고 있더군요. 비건인 친구를 위해 식당을 검색하다 보니 그런 변화를 알 수 있었습니다.

외국인의 눈에 사찰음식은 비건을 위한 품위 있고 아름다우며 맛까지 챙길 수 있는 음식이란 지점에서 더 관심이 갔을 것 같습니다. 물론 비건이 아니라도 고급식당에서 비싼 돈을 지불할 만한 특별한 아이템이라 판단했을 것이고요. 어떤 이는 방탄소년단이 드리운 한류의 연장선에서 나온 일이라는 의견을 달기도 했더군요. 어느 쪽이든 기분 좋은 뉴스였습니다.

때론 맵고 짜고 단 자극적 음식들로 가라앉은 나의 기분을 끌어 올리고 싶은 날이 있습니다. 그런데 어느 날은 좋은 재료로 만든 순진한 음식을 먹고 싶을 때도 있어요. 특히 아름답지 못한 일과 사람들에게 제대로 치인 날엔 말이지요. 오물을 썼다고 느낀 그런 날로부터 딱 이틀만 지나고 사찰음식점을 찾아가 볼까요. 내 안으로부터 불어오는 선선한 바람을 느낄 수 있을 거예요.

반창고

더러운 먼지를 떨어내듯 나쁜 마음과 불쾌한 기억은 탈탈 털어내야 해요. 좋은 음식 나누며 그렇게 해 봅니다. 견지동의 발우공양. 신길동의 아승지. 광교의 두수고방. 양재동의 도반. 어디라도 사정에 맞는 곳으로!

더불어 읽고 생각해 보면 좋을 이야기

공자가 말했다.
"꾸민 말이나 거짓된 표정에서는 인을 찾기 어렵다."
　논어, 학이 3: 子曰 巧言令色鮮矣仁.

공자가 말했다.
"말을 교묘하게 꾸미고 얼굴빛을 거짓으로 꾸미며 지나치게 공손한 것을 좌구명이 부끄러워하였는데 나도 그렇게 하는 것을 부끄러워한다.
원망을 숨기고 그 사람과 벗으로 지내는 것을 좌구명이 부끄러워하였는데 나 역시 그런 행동을 부끄러워한다."
　논어, 공야장 24: 子曰 巧言令色足恭 左丘明 恥之 丘亦恥之 匿怨而友其人 左丘明 恥之 丘亦恥之.

'보기 좋은 떡'의 미학

"보기 좋은 떡이 먹기도 좋다."는 말은 겉모양을 꾸미는 것도 중요하다는 뜻으로 흔히 쓰는 속담입니다. 실제로 예쁜 모양으로 만든 음식이나 신경 써서 플레이팅plaiting한 요리가 더 맛있기도 하고요. 이는 가스트로피직스Gastrophysics 연구자 찰스 스펜스Charles Spence의 연구에서도 사실임이 입증되었습니다.

가스트로피직스는 gastronomy[미식]와 psychophysics[정신물리학]의 합성어로 먹는 것에 관한 과학적 접근을 시도한 새로운 학문입니다. 찰스 스펜스의 연구에 따르면 먹고 맛보는 행위에는 인간의 다섯 감각이 적극적으로 관여하며 그 이면에는 뇌의 작용이 게재되어 있다고 설명합니다. 그래서 그는 "음식은 혀가 아니라 뇌가 느끼는 것"이라 정의합니다.

어떻게 하면 좀 더 맛있게 먹을 수 있는지. 어떤 장치를 통해 먹는 행위를 통제할 수 있는지. 가장 맛있는 음식은 어떤 조건에서 실현되는지. 이런 문제들은 먹는 행위에 대해 다양한 의미 부여를 좋아하는 이들에게 재미있는 힌트를 주는 주제입니다. 이런 주제들을 유명 셰프들과의 협업을 통해서 구체적으로 실험하고 제시해 주는 그의 연구는 꽤나 흥미롭습니다.

눅눅해진 감자칩을 먹을 때에 바삭거리는 음향 효과를 주면 뇌는 그렇지 않았을 때보다 15% 더 맛있게 여긴다고 합니다. 이 실험으로 그는 2008년 이그노벨상* 영양학 부분의 수상자가 되었고요. 이렇게 음향의 양념 효과, 단 맛을 증폭시켜 주는 핑크색 조명, 더 많이 먹도록 촉진하는 큰 식기, 12시 방향에서 시계 방향으로 3도 기울어지도록 하는 채소 플레이팅, 손이 덜 가게 하는 빨간색 그릇 등에 관한 이야기를 들으면 경험적으로 알고 있던 사실을 과학적으로 검증 받는 것 같습니다.

음식에 관한 새로운 과학으로 평가되는 가스트로피직스는 실험심리학, 뇌인지과학, 신경요리학, 마케팅, 디자인, 행동경제학

---

* 이그노벨상(Ig Nobel Prize): 미국 하버드대학교의 유머 과학잡지인 《Annals of Improbable Research(AIR)》가 과학에 대한 관심을 불러일으키기 위해 1991년 제정한 상이다. 기발한 연구나 업적을 대상으로 매년 10월경 노벨상 발표에 앞서 수여 된다. 일반인이 보기에 웃기는 연구라도 해당 분과 학문에서는 의미 있는 연구일 경우가 많다.

등 여러 분야의 성과에 기초하여 구성되었습니다. 그렇게 다양한 측면으로 사람의 감각을 관찰한 다음 적절한 자극을 통해 더 맛있게 또는 더 적게, 더 유쾌하게 음식과 대면하는 길을 제안합니다. 그러나 이 연구가 재미있었다 해서 나의 미식생활에 정신물리학적 이론을 대입시킬 생각은 전혀 없습니다.

단지 확인할 수 있었던 것으로 만족합니다. 끼니를 챙길 여력도 없이 우울한 기분에 빠졌을 때 오히려 내가 가진 제일 예쁜 그릇을 꺼내보려 했던 나의 선택이 역시 옳았다는 것을요. 흔히 집에 있을 때는 아무 옷이나 입어도 된다고 하거나 제법 비싼 값을 치르고 산 식기들은 특별한 날을 위해 높은 곳에 잘 보관해 두기 쉽습니다. 그런데 언제일지 모르고 며칠이나 될지도 알 수 없는 특별한 날을 위해 내가 가진 좋은 물건들을 보관만 하는 것은 지혜롭지 못한 일입니다.

어차피 물건은 나의 생활에 빛이 나도록 도와주는 데에 사용되어야 하는 것이잖아요. 그렇다면 특별한 며칠을 위해 보관의 비용만을 치르기보다 평범한 일상에서 그 역할을 하도록 풀어주는 편이 현명한 선택입니다. 행복해서 웃는 것이 아니라 웃으니 행복하다는 방식에 완전 동감이고요. 그러니 이번에는 다른 누군가를 위해서가 아니라 오늘 하루의 수고를 잘 견뎌낸 나를 위해 정갈한 식기들을 식탁 위로 소환하는 겁니다.

예쁜 식기에 정갈하게 담아낸 나를 위한 플레이팅^{plaiting}을 나의 뇌가 흐뭇해합니다.

반창고

찰스 스펜스는 "우리 감각은 생각보다 더 많이 연결돼 있다."고 하면서 통합감각이란 개념을 말합니다. 같은 문법으로 보면 우리 감정도 생각보다 긴밀하게 연관되어 있습니다. 어떤 부정적 감정으로 너무 깊이 들어가려는 징후가 보이면 그 국면을 바꾸려는 시도를 해야 상처가 깊어지지 않을 수 있습니다. 긍정적 감정이 올라올 수 있는 구체적 장치를 마련하는 겁니다. 그리하여 우울한 날에는 예쁘고 경쾌한 느낌의 식기를!!

더불어 읽고 생각해 보면 좋을 이야기

세상의 원리가 곧 나의 본성이고
본성을 따르는 것이 도이며
도를 잘 연마하는 것이 바로 교육이다.
도는 잠시라도 떠날 수 없는 것이니 떠날 수 있다면 도가 아니다.
그렇기 때문에 군자는 남들에게 보이지 않는 데에서 경계하고 삼가며
남이 듣지 않는 곳에서도 조심하고 두려워한다.
숨겨진 것보다 잘 보이는 것이 없고

은미한 것보다 잘 드러나는 것이 없기 때문이다.
그러므로 군자는 혼자 있을 때에 더 삼간다.
희로애락의 감정이 아직 드러나지 않은 상태를 중이라 하고 감정이 드러나서 모두 절도에 맞는 것을 화라고 한다.
중은 천하의 큰 근본이고 화는 천하의 두루 통하는 도이다.
중과 화를 잘 이루면 천지가 제 자리를 잡고 만물이 잘 길러진다.

> 중용, 제1장: 天命之謂性 率性之謂道 修道之謂敎. 道也者 不可須臾離也 可離非道也. 是故君子戒愼乎其所不睹 恐懼乎其所不聞 莫見乎隱 莫顯乎微. 故君子愼其獨也. 喜怒哀樂之未發 謂之中 發而皆中節 謂之和. 中也者 天下之大本也 和也者 天下之達道也. 致中和 天地位焉 萬物育焉.

움직
이며

그 안에선 볼 수 없었던 것들

'굳이 비행기를 타고 시간과 돈을 쓰면서 피곤함을 동반할 것이 뻔한 여행이란 걸 해야 할까.' 하던 생각은 첫 유럽여행[*] 뒤에 바뀌었습니다. 내 발로 직접 디뎌 보아야 알 수 있고, 내 눈으로 직접 본 뒤에야 느낄 수 있는 것들을 체감했기 때문입니다. 전통을 지켜낸다는 것이 무엇인지를 보았고요. 합리적 사회시스템을 가진 나라의 사람들은 어떻게 다른 삶을 사는가를 체험했습니다.

익숙하던 풍경과 확연히 다른 자연 환경. 그 안에 들어서야 비로소 볼 수 있는 이질적 미감은 사진과 영상으로 볼 수 없는

---

[*] 1995년

것이었습니다. 신기하고 아름다운 풍경은 충격적으로 나의 시선을 앗아갔습니다. 그런데 거대하고 낯선 풍광이 주는 신비함에 매혹당하는 새에 굽이굽이 이야기의 똬리를 틀고 있는 듯한 우리 산천의 고유한 풍광이 겹쳐지곤 했습니다. '아! 우리 산천은 우리에게만 허락된 것이구나.' 이국의 풍경을 즐기며 오히려 우리 산천의 아름다움을 확인했던 것입니다.

처음 가보는 어떤 나라 도시의 뒷골목을 걸으며 분명 처음인데 기시감을 느끼기도 합니다. 그건 사람 사는 곳 어디서나 찾을 수 있는 동질감 때문일 거예요. 다른 문화권으로의 여행이란 그렇게 다르고 같은 것을 구경하며 다가오는 각양각색의 감정들을 그러모으는 시간이었습니다.

이방인의 익명성은 보다 자유로운 감정을 일깨우며 정해진 틀에 갇힐 필요가 없는 여행자로 만들어줍니다. 타자가 되어 발길이 닿는 대로 나의 일상과 관계없는 거리와 사람들 사이를 터벅터벅 걸어갑니다. 이런 편안한 시간을 즐기며 문득문득 방금 내가 떠나 온 나의 자리가 환기되곤 합니다. 그러면 마치 영화를 보는 듯한 객관적인 시선으로 평소 나의 일상을 관조할 수 있습니다.

나의 생활반경 안에서 맴돌 때 볼 수 없었던 사각지대가 보이기도 합니다. 이렇게 되면 저번과 다른 시각으로 내가 고민하던 문제와 대면할 수도 있고요. 큰 사건이라 여겼던 일이 사소한 것으로 재해석 될 때도 있고, 더러는 반대의 경우도 있습니다.

낯선 환경이 주는 다양한 충격이 나의 머리와 가슴을 생생하게 두드려준다는 사실은 여행을 통해 첫 번째로 깨달은 바입니다. 두 번째 자각은 여행하는 동안 내 일상을 다른 시각에서 혹은 좀 더 객관적인 시선으로 바라볼 수 있다는 것입니다. 나에겐 이것이 가장 매력적인 여행의 효과입니다. 그 안에서는 볼 수 없었던 것들을 비로소 볼 수 있는 계기가 되었던 겁니다. 낯선 것들과 만나면서 결국 나를 다시 만나는 재미있는 현상입니다.

여행이 주는 미덕을 하나 더 보태자면 '걷기의 힘'을 배운 것입니다. 긴 여행의 경험이 아직 없었을 때의 내겐 몸을 많이 움직이기보다 머리를 쓰는 것이 효과적이라는 편견이 있었습니다. 실은 지금이라고 그런 편견이 모두 사라졌다고 하긴 어렵습니다만. 암튼 내 발로 걸어 다니며 발견하는 장면들과 그를 통해 만들어지는 생각과 느낌들은 힘이 있습니다. 그리하여 산책이 첫 번째 취미가 된 것은 여행을 통해 얻은 구체적 소득입니다.

반창고

그와 더 이상 좋은 관계를 유지하는 것이 버겁다고 생각될 때. 소중한 사람과의 갈등 상황은 첨예한데 해법은 오리무중일 때. 진행 중인 일을 계속해야 하는지 그만 멈춰야 할지 가늠하기 어려울 때.

잠시 그 자리를 떠나 보는 것을 권해요. 늘 보던 것과 다른 것들을 구경하며 나의 복잡한 사연들을 잠시 잊도록 하는 겁니다. 멀리 떠날 수 없는 처지라면 몸을 많이 움직여서 피곤한 상태로 만들어 보는 것도 좋아요. 오래된 시장의 좁은 길을 빠져나가며, 혹은 오래된 식당의 훌륭한 파스타 접시 앞에서 나는 문득 내 안에서 나오는 대답을 들을 수도 있습니다.

더불어 읽고 생각해 보면 좋을 이야기

공자가 말했다.
"배우고 스스로 생각하지 않으면 어둡고
자기 생각에 빠져서 배우지 않으면 위태롭다."

    논어, 위정 15: 子曰 學而不思則罔 思而不學則殆.

공자가 말했다.
"내면의 덕을 닦지 않는 것
배운 것을 스스로 연구하지 않는 것
옳은 일을 듣고도 실천하지 않는 것
좋지 못한 부분을 고치지 못하는 것
이것들이 나의 걱정거리이다."

    논어, 술이 3: 子曰 德之不修 學之不講 聞義不能徙 不善不
    能改 是吾憂也.

움직이며

피나 바우쉬의 춤

피나 바우쉬$^{Pina Bausch}$가 이끄는 부퍼탈 무용단의 〈네페스〉를 본 것이 십여 년 전의 일이 되었습니다. 2008년 공연이었으니 그녀가 세상을 떠나기 한 해 전입니다. 네페스는 터키어로 '숨^{breath}'이란 뜻입니다. 피나 바우쉬가 그의 무용단과 함께 이스탄불에 머물면서 만든 작품이고요. 그는 여러 나라의 도시를 주제로 그 도시의 생명력과 아름다움을 무용으로 풀어낸 바 있습니다.

〈네페스〉에서는 물이 주요한 이미지로 사용됩니다. 공연은 몇 개의 짧은 주제로 구성되었는데 각 주제마다 무용수들은 절제된 강렬한 몸짓으로 무대를 채웠습니다. 각 열 명의 남녀 무용수가 앉은 채로 흐르는 듯 떠내려가는 듯 유연하고 강렬하게 움직이는 마지막 군무는 압권이었습니다. 이 공연 이후 더 이상 피나 바우쉬가 이끄는 공연을 볼 수 없게 되었습니다.

빔 벤더스$^{Wim Wenders}$가 피나 바우쉬를 위해 만든 영화 〈피나〉는 그녀 사후에 완성되었습니다. 촬영 결정 직후에 그녀가 갑자기 세상을 떠났으나 감독은 결국 영화를 완성합니다. 영화에는 피나 바우쉬의 대표작들이 담겨있고 삶의 철학을 무용으로 풀어낸 그녀의 사유가 녹아있었습니다. 상영시간 내내 화면에서 눈을 떼지 못했던 기억이 생생합니다.

피나 바우쉬는 독일의 무용인이며 안무가였습니다. 하나로 묶은 검은 생머리와 검정색 옷이 트레이드마크였던 마른 몸집의 여인. 그 모습만 보아도 천생 춤추는 사람으로 보였습니다. 그녀는 춤에 연극적 요소를 가미한 실험적 안무가로 유명합니다. 무용수에서 안무가로 영역을 넓힌 그녀는 삶의 한 '순간'을 춤으로 표현하고자 했습니다. 찰라의 아름다움을 포착하고 거기에 의미를 부여했습니다. 전통 발레는 정해진 규칙을 따르며 일정한 스토리를 전달합니다. 그러나 피나 바우쉬의 춤은 그저 삶에 주목했습니다. 춤은 말로 표현 할 수 없는 그 순간들, 삶 속에서 느끼는 감정이 담겨야 한다고 했습니다.

춤이 삶의 느낌을 표현하는 매체라는 피나 바우쉬의 생각에 공감합니다. 보통 좋은 음악이 청각을 자극하면 몸도 따라 움직입니다. 이런 자연스러운 반응이 남다르다고 생각하진 않았습니다. 그런데 모두가 나와 같진 않더군요. 그렇다면 나는 춤을 좋아하는 사람인 겁니다. 분명한 취향의 발견 이후 이번엔 좀 더 적극적으로 취향의 발전을 기해보았습니다. 꽤 오랜 시간동안 여러 종류의 춤을 배우는 중이고 춤출 수 있는 자리를 마다하지 않았습니다.

춤을 추며 흠뻑 땀을 흘리고 나면 더 없이 좋은 기분입니다. 운동량이 많았으니 몸은 지칠지라도 기운은 상승세입니다. 그 명료한 인과관계가 마음에 듭니다. '다음 생이 있다면 춤추는 사람이 되어보고 싶다.'는 생각이 스친 적도 있고요.

암튼 인체가 만들어 내는 근육의 움직임들은 문장의 아름다움 못지않게 환상적입니다. 고수 춤꾼들이 표현하는 아름다움과는 다른 차원이겠지만 몸의 움직임으로 발산되는 기세는 누구라도 느낄 수 있습니다. 컴퓨터 자판 위에 놓였던 두 손을 머리 위로 힘 있게 번쩍 들어 올리는 자세만으로도 얼마나 자유로운지요.

더 이상 전진하지 못하는 문장 앞에서 쩔쩔맬 때 과감히 자판을 뒤로 하고 음악의 볼륨을 키웁니다. 그리곤 몸을 움직여 봅니다.

반창고

〈미스터 션샤인〉의 고애신은 연인 최유진의 양아버지(목사)의 장례식 날 절에 들립니다. 그리곤 절의 보살에게 망자를 위해 초를 밝혀 줄 것을 부탁해요. 부탁을 받은 보살은 "저 위에 계신 분들이야 다들 잘 통하실 겁니다."라고 말하여 애신을 안심시키지요.

고수들에겐 통하는 게 있는 것 같아요. 춤을 잘 추는 이에게서 좋은 글을 쓰는 사람의 모습을 읽어냅니다. 좋은 춤을 추는 사람이 영상을 보면서 나의 문제를 생각해 볼 수 있는 겁니다. 다양한 장면에서 그 진정성을 읽어 내는 연습을 합니다.

더불어 읽고 생각해 보면 좋을 이야기

공자가 말했다.
"그것을 아는 것은 그것을 좋아하는 것만 못하고
그것을 좋아하는 것은 그것을 즐기는 것만 못하다."

    논어, 옹야 18: 子曰 知之者 不如好之者 好之者 不如樂之者.

《서경》〈강고〉편에서 '갓난아이 돌보듯이 하라!'고 했으니
마음으로 정성을 다해 구하면
비록 딱 맞지는 않더라도 크게 벗어나진 않을 것이다.
자식 기르는 것을 배우고 나서 시집가는 사람은 없다.

    대학, 전9장: 康誥曰 如保赤子. 心誠求之 雖不中 不遠矣. 未有學養子 而後嫁者也.

올라가 내려다보며

 산책을 취미로 삼은 지는 오래되었으나 등산은 그렇지 못합니다. 취미로 삼아 곁에 두기 위해서는 몇 가지 조건이 충족되어야 합니다. 취향에 맞아 이질감이 없어야 하고 재미와 의미를 동시에 찾을 수 있는 것이라야 하며 혼자서도 가능한 것이어야 더 좋습니다. 나에게 등산은 이런 조건에 맞지 않는 활동입니다. 그렇다고 산에 오르는 것 자체를 싫어하는 것은 아니지만 적극적으로 기회를 만들지는 않는 것 같습니다.
 오래전 몇몇 친구들과 등산모임을 몇 차례 한 적이 있었어요. 나를 제외하면 프로급 등산인이거나 등산 경험이 많은 이들이었습니다. 그들에 비해 나의 등산 경험은 한 손으로 꼽아도 충분한 초보였고요. 친구들은 기꺼이 초보자를 배려하는 산행을 함께해 주었습니다. 수준 차이가 큰 사람들이 함께하여 서로 재미를 보기 어려운 것은 등산도 마찬가지입니다. 자연스럽게 그들과의 등산모임은 오래가지 못했습니다.

수준이 비슷한 이를 만나기도 어려웠고 그렇다고 혼자 시도하는 것도 마뜩잖았으므로 아직 등산을 취미로 만들지 못했습니다. 하여 미미한 등산 이력을 가진 처지이나 그 중에서도 기억에 남는 사건은 있습니다.

등산에 내공이 있는 친구들과의 북한산 산행과 독일 프라이부르크에서의 겨울 산행이 그렇습니다. 그 겨울 산행은 허벅지까지 쌓인 설산의 트레킹이었어요. 나의 발을 높이 올려 앞의 사람이 내어 놓은 발자국에 내 발을 끼워 넣는 식이었으니 걷는다기보다 건너가는 느낌이었습니다. 걷는 것보다 몇 배는 더 힘이 들었을 것이고요.

그런데 보통 자연의 설경이 그런 것처럼 그곳의 설산 역시 별유천지비인간別有天地非人間! 이었습니다. 이 세상의 풍경이 아닌 것 같은 신비한 공간. 절대적으로 고요하고 아름다웠습니다. 아! 하는 탄성 이외의 말을 허락하지 않는 순간이었습니다.

친구들과의 산행 때 나는 생전 처음으로 북한산의 한 봉우리에 올라보았습니다. 힘이 들지 않았다면 거짓이겠으나 지금 남아있는 것은 정상에 올라 방금 내가 오른 그 아래를 내려다본 감흥뿐입니다. 이런 저런 사연을 만들어 가며 올라갔고, 올라와야 볼 수 있는 광경을 내 눈으로 보았던 것. 그리고 올라왔다면 다시 내려가야 한다는 것을 체험했다는 점. 싱겁지만 그런 명료한 사실들이 꽤 충만하게 다가왔었습니다.

정상에서 바라보는 저 아래의 모든 것들은 작았습니다. 사람들이 분주히 오가고 있을 큰길들과 건물들이 미니어처의 마을처럼 보였습니다. 그러니까 다른 측면, 곧 좀 높은 데서 바라보면 지금과 다른 관찰이 가능하다는 지극히 상식적인 자각을 눈으로 확인했던 것입니다. 그러므로 그 관찰의 시간 몇 분을 위해서라면 오르고 내려가는 서너 시간의 수고를 기꺼이 할 만합니다.

움직이며

반창고

셀카족에겐 선호하는 방향이 있습니다. 자신의 모습을 최상의 조건으로 연출하려는 것이지요. 그런데 자신이 피사체로 찍힌 사진에서 스스로 몰랐던 표정이나 인상을 발견할 때가 있어요. 가끔은 무릎을 치며 '이런 걸 왜 진작 몰랐을까!' 합니다.

익숙함에 갇혀서 시야를 좁히고 줄곧 그것이 최선이라 여깁니다. 조금만 시선을 옮기면 완전히 다른 것을 볼 수도 있는데요. 정상에 올라 아래를 내려다보며 풀리지 않던 문제의 실마리를 찾을 수도 있고요.

더불어 읽고 생각해 보면 좋을 이야기

천하를 가지고 작위하려는 것을
나는 불가능한 일이라 본다.
천하는 신묘한 기물이라 작위할 수 없으니
작위하면 실패하고
잡으면 잃는다.
그러므로 세상의 사물은
혹 앞서거나 혹 뒤따르며
혹 훈훈하게 데우거나 혹 차갑게 식히고
혹 강하기도 하고 혹 약하기도 하며
혹 꺾이기도 하고 혹 무너지기도 한다.
그러므로 성인은 심한 것을 버리고
사치하는 것을 버리며
지나친 것을 버린다.

> 도덕경, 제 29장: 將欲取天下而爲之 吾見其不得已. 天下神器 不可爲也 爲者敗之 執者失之. 故物 或行或隨 或歔或吹 或强或羸 或挫或隳. 是以聖人去甚 去奢 去泰.

〈벌새〉로 성찰

극장에 가야 영화를 볼 수 있던 시대는 이제 옛말이 된 지 오래입니다. 지금은 스마트폰으로도 영화 관람이 가능하니까요. 그럼에도 불구하고 영화는 전문상영관에서 봐야 제 맛이라는 데에 한 표 하겠습니다. 극장의 대형 스크린이 사라지고 멀티플렉스 극장으로 변하면서 그 맛이 반감되었다고는 해도 여전히 극장 직관을 선호합니다. 즐겨 찾는 극장의 정해진 좌석에 앉으면 비로소 감독이 건네는 이야기와 배우의 연기에 몰입할 수 있습니다.

기억에 남는 2019년의 영화[*]로는 〈기생충〉과 〈벌새〉를 들어

---

[*] 이 글을 쓴 시점은 2019년 12월이다.

야겠네요. 둘 다 여러 면으로 흥미로운 작품이었지만 그 중 하나만 꼽으라면 역시 독립영화 〈벌새〉를 들어야겠습니다. 독립영화는 상업 자본에 의존하지 않고 창작자의 의도를 최대한 반영하여 제작한 영화입니다. 당연히 적은 예산으로 작업해야 하고 상대적으로 규모가 작을 수밖에 없습니다. 백만, 천만의 관객을 모으는 상업영화들과는 차원이 다른 영역입니다. 그러니 '벌새'를 본 관객 수가 15만 명에 가깝다는 건 이 영화가 대단한 성공을 거두었다는 뜻입니다.

영화의 배경은 1994년, 주인공 은희는 열다섯 살 소녀입니다. 그 해 한국에서는 성수대교 붕괴라는 어처구니없는 사건이 일어났고 김일성이 죽은 해이기도 합니다. 영화는 특별할 것 없어 보이는 15세 소녀가 만나는 세상을 보여 줍니다. 은희도 누구나 기억하는 사회의 큰 사건들과 직간접으로 얽히기도 하고 한 개인으로서의 내밀한 정서를 간직하며 살아갑니다. 소녀의 내면은 자주 특별한 감정의 소용돌이를 경험합니다. 이해할 수 없는 이상한 어른들. 마음대로 되지 않는 학교생활. 친구들과의 우정과 갈등. 가족과의 불협화음.

때로는 한문학원에서 만난 교사에게서 위로를 받고, 절대 자신을 사랑하지 않는다고 여긴 아버지가 자신 때문에 눈물 흘리는 장면을 목격하기도 합니다. 그렇게 은희의 눈에 비친 세상은 온통 부조리한 것처럼 보이고, 모든 관계가 거짓되게 느껴지기도 하다가, 뜻하지 않는 위로와 격려를 얻기도 합니다. 오직 자신을 이해해 주는 단 한사람이라 여기던 이가 성수대교 사고로 유명을 달리하는 충격적 상황을 만나기도 하고요.

영화는 결국 가족[혹은 관계]이 자신을 둘러싼 부조리한 세상을 건너갈 힘이라는 희망적 전망을 합니다. 이렇게 감독이 은희의 삶에서 벌어지는 각양각색의 사건과 그 안에서 요동치는 소녀의 심리를 자세히 보여줄 때 어느새 은희는 내가 되고 우리가 되면서 138분이라는 다소 긴 상영 시간이 금세 지납니다.

어른이 되었다고 삶의 모순적 상황에서 벗어날 수는 없습니다. 열다섯 소녀처럼 자기 안에 갇혀있는 작은 시야는 현명한 이해와 선택을 방해하고요. 그러니 내가 서 있는 '지금 여기'도 여러 관점으로 바라보기를 연습하자고 스스로에게 말해줍니다. 역시 삶의 위로는 좋은 관계에서 얻을 수 있다는 평소의 이해를 확인하면서요.

반창고

뜻하지 않았던 사건은 불시에 불쑥 내 앞에 나타납니다. 이해하기 어려운 일들은 늘 주변을 맴돌고요. 그런데 그런 껄끄러운 일들이 딱히 내게만 벌어지지는 않아요. 조바심을 갖고 대하기보단 자연스럽게 흘러가도록 조금 떨어져서 관찰해도 좋을 겁니다.

더불어 읽고 생각해 보면 좋을 이야기

세상의 원리를 일러 본성이라 하고, 본성에 따르는 것을 도라 하며, 그 도를 닦는 것을 교육이라 한다.
도라는 것은 잠시도 떠날 수 없는 것이니 떠날 수 있다면 도가 아니다.
이런 까닭에 군자는 남이 보지 않는 곳에서도 경계하고 남들이 듣지 않는 데에서도 두려워한다.
숨어 있는 것보다 잘 보이는 것이 없고
작은 것보다 잘 드러나는 것이 없다.
그래서 군자는 혼자 있을 때에도 삼간다.
희로애락의 감정이 아직 드러나지 않았을 때를 '중'이라 하고, 드러나서 다 절도에 맞는 것을 '화'라고 한다.
중은 천하의 큰 근본이고
화는 천하에 두루 통하는 도이다.
중과 화를 지극하게 이루면 하늘과 땅이 제 자리를 잡고 세상의 모든 것들이 잘 길러진다.

> 중용, 제1장: 天命之謂性 率性之謂道 修道之謂教. 道也者 不可須臾 離也 可離 非道也. 是故君子戒慎乎其所不睹 恐懼乎其所不聞. 莫見乎隱 莫顯乎微 故君子慎其獨也. 喜怒哀樂之未發 謂之中 發而皆中節 謂之和. 中也者 天下之大本也 和也者 天下之達道也. 致中和 天地位焉 萬物育焉.

무위를 행하고
일삼지 않는 것을 일삼으며
무미한 것의 맛을 보니
작은 것을 크게 여기고, 적은 것을 많게 여기며
원한을 덕으로 갚는다.
어려운 일은 쉬운 데서 도모하고
큰일은 작은 데서 하니
천하의 어려운 일은 반드시 쉬운 데서 일어나고
천하의 큰일은 반드시 작은 데서 생긴다.
이 때문에 성인은 큰 것을 꾀하지 않으므로
큰 것을 이룰 수 있다.
무릇 가벼운 승낙은 믿기 어렵고
쉬운 것이 많으면 반드시 어려움도 많아진다.
이 때문에 성인은 오히려 어렵게 여긴다.
그러므로 어려움 없이 마칠 수 있다.

> 도덕경, 제63장: 爲無爲 事無事 味無味 大小多少 報怨以德. 圖難於其易 爲大於其細 天下難事 必作於易 天下大事 必作於細. 是以聖人終不爲大 故能成其大. 夫輕諾必寡信 多易必多難. 是以聖人猶難之 故終無難矣.

움직이며

오래된 친구

삶의 이력이 늘어날수록 오래 알아왔던 친구의 소중함을 알게 됩니다. 내게는 대학 때 처음 만나 오늘에 이르기까지 줄곧 베스트프렌드로 꼽는 친구가 있습니다. 우리는 스무 살에 처음 만나 십 년 씩 나이를 더할 때마다 다른 이야기를 만들었던 서로를 지켜보았습니다. 그는 나의 스물과 서른을 알기에 지금의 나를 표현하기가 수월합니다. 유래가 있을 나의 사연을 처음부터 시작하지 않아도 되기 때문입니다.

싯다르타는 생로병사의 틀에서 벗어날 수 없는 인간의 존재를 인지하면서 인생을 괴로움의 바다라 했습니다. 원하는 것을 가질 수 없고. 원하지 않지만 해야 하고. 사랑하나 헤어져야 하고. 미워하지만 함께해야 하고. 늙고 병들어 결국 죽는 길엔 혼자이고. 누구든 외롭고 고독하게 고해를 건너갑니다.

싯다르타가 아니라도 외로움은 사람의 삶에서 항상 화두가 됩니다. 우리는 많은 사람을 만나고 다양한 관계를 맺으며 살아갑니다. 그런데 역설적이게도 그 관계로 인하여 더 외로워지기도 합니다. 마지막 반전은 또 다른 관계를 통해 외로움을 달래기도 하고 위로받기도 한다는 것입니다.

인생의 어느 지점부터는 부모형제와는 나누기 어려운 이야기들이 생깁니다. 기쁘고 외롭고 슬픈 사연들을 내 안에 쌓으며 나는 성장하고 나이 들어갑니다. 슬픔도 기쁨도 외로움도 턱에까지 차오르면 어떻게든 해소를 해야 합니다. 불쑥 어려운 나의 심정을 터놓아도 되는 사람은 오래된 친구입니다. 그에게서 문제의 해법을 구하려는 것은 아닙니다. 그러나 그 앞에서 나는 무장해제의 자유를 누릴 수 있으며 생각나는 대로 이야기를 풀어낼 수 있습니다. 이를 통해 나는 해소의 계기를 맞이합니다.

드물지만 그 때 원하는 답이 찾아질 때도 있습니다. 적어도 이런 시간을 보낸 뒤에는 내가 풀어가야 할 그 문제들과 담담하게 대면할 수 있습니다. 친구에게 토로하는 과정에서 스스로 안정을 되찾고 정리를 할 수 있었거든요. 더구나 위로도 받았고 격려도 얻었잖아요.

일로 만난 사람에게서 상처를 받았을 때, 풀기 어려운 직무 때문에 쫓길 때, 그냥 사는 게 힘들다고 느껴질 때면 그를 찾아갑니다. 우리가 애호하는 향 좋은 커피를 앞에 두고 두서없는 이야기를 풀어내 봅니다. 주의 깊게 들어 주는 그를 향해 그리고 스스로를 향해 생각나는 대로 자유롭게. 후련해질 때까지 답답한 심정을 쏟아내는 겁니다.

한결 시원해진 가슴이 되어 우리는 익숙한 도시의 거리로 나갑니다. 그 거리를 한참 동안 나란히 거닐어 봅니다. 그러다 따뜻한 불빛이 새어나오는 작은 식당으로 자리를 옮기지요. 소박하고 맛있는 음식이 그득한 식탁을 사이에 두고 앉게 되면, '오래 내 옆에 있어 주어 고마워요.' 뇌이게 됩니다.

반창고

공자는 "벗이 있어서 먼 곳으로부터 오면 또한 즐겁지 않은가!"라고 했어요. 생각이 같다는 이유로 많은 것을 내어 주면서 나눌 수 있는 사람, 그런 친구는 내 삶의 자산입니다. 그러니 '좋은 친구 만들기'를 삶의 버킷리스트에 담아야 할 이유가 충분한 것입니다.

더불어 읽고 생각해 보면 좋을 이야기

공자가 말했다.
"배우고 때에 맞게 익히면 또한 기쁘지 않은가!
벗이 있어서 먼 곳으로부터 오면 또한 즐겁지 않은가!
다른 이가 알아주지 않더라도 평온할 수 있다면
또한 군자가 아니겠는가!"

　　논어, 학이 1: 子曰 學而時習之 不亦說乎. 有朋自遠方來 不亦樂乎. 人不知而不慍 不亦君子乎.

공자가 말했다.
"안평중은 사람과 사귀기를 잘했으니
오래 되어도 공경하였다."

　　논어, 공야장 16: 子曰 晏平仲 善與人交 久而敬之.

극장에서 유람

극장에서 보는 영화와 컴퓨터 화면으로 재생되는 영화는 그 맛이 달라요. 집에 훌륭한 홈 시네마 시설을 갖추었다고 해도 그것은 집안활동입니다. 내겐 외출복으로 갈아입고 사람들이 오가는 거리를 지나 목적한 극장에 당도하여 예매된 나의 자리를 찾아가기까지가 모두 영화보기에 속하는 일입니다. 비경제적인 활동일까요.

자기가 들인 비용만큼의 보상은 어떤 식으로든 옵니다. 머릿속에서 비싼 학원비가 계산되면 함부로 그 수업에 빠질 수 없다고 하잖아요. 그러니 높은 비용은 유명 강사의 강의가 더 좋은 효과를 거둘 수 있게 도와줍니다. 지불한 만큼 얻어가겠다는 의식이 더해질 테니까요. 이렇게 보면 자기가 중요하다고 생각하는 아이템에 노력과 시간을 투자하는 것은 합리적입니다.

영화는 인문학적 상상력을 자극하는 탁월한 매체입니다. 거기에는 감독의 메시지가 들어 있고 배우들의 해석이 반영되어 있으며 영상, 음악, 패션 등 다양한 예술 장르가 결합되어 있습니다. 그리고 관객에게는 감동과 해석이 문이 열려 있고요. 나는 될수록 방해 받지 않고 두 시간 정도의 상영시간 동안 화면에 집중하기를 원합니다. 그래서 '혼영'을 선호하는 것입니다.

요구가 분명하다 보니 자연스럽게 선호하는 극장도 생기더군요. 이화여자대학교 안에 있는 극장과 쇠망치를 든 조각상으로 유명한 광화문의 극장을 자주 갑니다. 극장이 있는 광화문 흥국생명 빌딩 입구에는 재미있는 조각상이 있습니다. '해머링맨 Hammering Man'이라는 제목의 이 작품은 조나단 보로프스키 Jonathan Borofsky라는 미국의 설치미술가가 미국·독일·스위스 등의 나라에 이어 일곱 번째로 설치한 것입니다. 광화문 거리의 랜드 마크가 된 성공한 이 공공미술작품이 멀리서 보이면 나는 곧 영화를 볼 수 있는 겁니다. 암튼 이 두 극장이 나의 기준에선 쾌적한 영화 관람에 최적입니다.

그런데 이들 극장이 예술영화나 독립영화를 중심으로 상영하다 보니 그 상영작이 한정되어 있습니다. 그래서 상업영화 관람을 위한 극장 몇 군데를 따로 지정해 두어야 했지요. 이렇게 비교적 확고한 취향을 가진 편이지만 극장 방문 횟수는 해가 갈

수록 줄어드는 추세입니다. 부지런하지 않으면 챙기기 어려운 일이라서 말이지요. 이제 막 새해로 접어들었으니 올해의 행동 세목에 극장 방문 횟수 반등이란 항목을 넣어볼까요.

극장 직관을 택하는 첫 번째 이유는 이것이 영화 몰입에 최적화된 조건이기 때문입니다. 뿐만 아니라 극장행은 휴식과 기분전환에도 훌륭한 역할을 해 줍니다. 비용대비 성과가 높은 선택이지요. 특히나 기분이 다운되어 다른 어떤 생산적인 일도 하기 어려운 날, 있던 자리에 머물다 보면 기분은 최악으로 떨어질 수 있습니다. 이럴 땐 긴장감 없이 몸을 움직이며 활로를 찾아보는 게 좋습니다.

게다가 극장에서는 매우 구체적으로 위로와 격려를 받을 수도 있습니다. 연대감을 느끼게 하는 인물들을 만나면 내가 그리 잘못된 길을 걸었던 것은 아니라는 점에서 마음이 놓이고 용기를 얻습니다. 내가 상상하지 못한 상황과 그것을 헤쳐 가는 이야기에서 겸손함을 배우기도 하고요. 나와 동떨어진 듯한 사건들의 미로에서 세상만사를 체감합니다. 내가 하려던 말을 대신해주는 배우의 연기에 동질감을 느끼고요. 너도 나도 피해갈 수 없는 희로애락의 인생사를 봅니다.

반창고

"내가 틀리지 않았군!" 공감과 연대를 확인하고요. "힘들면 쉬어 가도 돼!" 위로를 받을 수도 있습니다. "거절의 경험을 숨기려 하지마. 누구라도 그렇게 살아가는 거니까. 힘을 내!"라는 격려도 받을 수 있어요. 그리하여 결국 '그래도 널 좋아해!', 스스로에게 말해준다면 좋겠어요, 극장을 나서며.

더불어 읽고 생각해 보면 좋을 이야기

반드시 그것을 일삼고자 하면
미리 결과를 예단하지 말고
마음에서 잊지도 말고
인위적으로 조장하지도 말아서
저 송나라 사람과 같이 행동하지 않아야 한다.
어떤 송나라 사람이 자기 논의 싹이 자라지 않는 것을 걱정하여 싹을 뽑아 주고 비틀비틀 집으로 돌아와 그 가족에게 말하기를
'오늘 내가 피곤하다! 싹을 도와서 자라게 해주었다.'
그 아들이 쫓아 나가서 보니 그 싹들이 말라있었다.
천하에 그처럼 싹이 자라도록 조장하지 않는 이가 드물다!
조장하는 것이 무익하다고 여겨 버려두는 자는
싹을 기르지 않는 자이고
자라도록 조장하는 자는 싹을 뽑아내는 자이니
이는 다만 무익할 뿐만이 아니라 또 그를 해치는 것이다.

> 맹자, 공손추상 2: 必有事焉而勿正 心勿忘 勿助長也 無若宋人然. 宋人 有閔其苗之不長而揠之者 芒芒然歸 謂其人 曰 今日 病矣 予助苗長矣. 其子 趨而往視之 苗則槁矣. 天下之不助苗長者 寡矣. 以爲無益而舍之者 不耘苗者也 助之長者 揠苗者也 非徒無益 而又害之.

"백이와 이윤은 어떻습니까?"

"같은 도가 아니다. 그 임금이 아니면 섬기지 않고 그 백성이 아니면 부리지 않으며 다스려지면 나아가고 어지러우면 물러난 이는 백이이고,

어떤 임금이라 섬길 수 없으며 어떤 백성이라 다스릴 수 없겠는가 하며 잘 다스려져도 나아가고 어지러워도 나아간 것은 이윤이다.

벼슬할 만하면 벼슬하고 그만둘 만하면 그만두며 오래할 만하면 오래하고 빨리할 만하면 빨리한 이는 공자이다.

이들은 모두 옛 성인들이니 내가 능히 행할 수 있는 바가 아니나 원하는 바는 공자를 배우는 것이다."

> 맹자, 공손추상 2: 曰伯夷伊尹何如. 曰不同道. 非其君不事 非其民不使 治則進 亂則退 伯夷也. 何事非君 何使非民 治亦進 亂亦進 伊尹也. 可以仕則仕 可以止則止 可以久則久 可以速則速 孔子也. 皆古聖人也 吾未能有行焉 乃所願則學孔子也.

건축전 관람기

    손으로 뭔가를 만드는 재주와는 담을 쌓았습니다. 중고등학교 때 미술이나 가사실습 같은 과목은 곤혹스러운 시간이었고요. 수를 놓고 바느질을 해야 하는 가사 실습 시간은 피하고 싶을 뿐이었습니다. 게다가 수업 시간에 완성하지 못한 작품은 숙제로 완성해야 했습니다. 대리로 부탁할 주변머리도 없는데다 도저히 완성할 수 없었던 수틀과 멍하니 대치했던 기억과 그 결과로 받은 빨간색 점수 앞에서 참담했던 순간이 눈에 선합니다.

    소질에 대한 자각과 함께 당연히 나는 미술을 좋아하지 않는다고 여겼습니다. 그런데 어느 때부터인가 내가 직접 그리고 만들어야 미술을 즐기는 건 아니라는 깨달음이 있었어요. 아름다운 것을 아름답다고 느끼는 나의 감각은 이미 미술을 즐기고 있었으니까요. 이후론 자주 전시회장을 찾았습니다.

전시회에서 본 고흐의 그림이 인상적이었으면 그를 다룬 책을 읽어보기도 하고 작가에 대한 정보들을 찾아보곤 했습니다. 그렇게 그 작품의 뿌리에 그 작가의 생각 들어 있음을 확인하는 일은 더 흥미로운 과정이었습니다. 보고 싶었던 이의 작품전이 열린다는 정보를 접하고 미술관을 찾기도 하고 때론 우연히 뜻하지 않았던 전시를 보기도 했습니다. 일 년에 한 두 번은 대림미술관으로 젊은 작가들의 재기발랄한 작품들을 보러 갑니다. 이런 발걸음은 감각을 여는 훈련에 도움을 주었을 겁니다.

2017년에 알게 된 건축가 르코르뷔지에$^{\text{Le Corbusier}}$는 스위스 태생의 프랑스 건축가입니다. 지인과 들린 식당이 우연히 예술의 전당 안에 있었고 마침 그의 전시가 하루를 남긴 날이었어요. 점심을 같이한 이는 전시가 좋다고 들린 김에 보고 가라 권했습니다. 왠지 놓치기 싫었고 그날은 사정이 여의치 않아 다음 날 다시 그곳에 들렸습니다.

현대건축의 아버지라는 닉네임을 가진 르코르뷔지에의 전시는 감동이었습니다. 그것은 그의 화려한 이력 이면에 존재하는 면모를 발견했기 때문입니다. 르코르뷔지에는 건축계의 천재라 평가된다는데 그의 절친이 피카소, 아인슈타인이었다니 천재는 천재를 알아보는 건가요. 물론 처음으로 현대 공공 건축의 개념을 알리고 롱샹 성당과 같은 걸출한 건물을 설계했다는 그의 천재적 성과는 놀라운 것이었습니다. 그런데 전시장의 다양한 전시작품 중에 가장 인상적이었던 것은 끊임없이 지속했다는 그의 스케치와 데생이었습니다.

당연한 일이지만 그는 건축을 자기 정신의 반영이라 정의했습니다. 사람에 대한 존중과 겸손, 그리고 단순함을 중요한 가치로 삼았다는 그의 정신이 그의 작품들에 그대로 드러나 있었습니다. 그리고 이런 생각이 훌륭한 작품으로 구현된 것은 그의 천재성에 기댄 것이 아니라 매일의 데생에 기초했다는 사실을 보았습니다.

성실함이 담보되지 않은 천재성의 구현은 불가능합니다. 이것은 이미 《중용》에서 배운 것이며 르코르뷔지에의 전시에서 확인한 것입니다. 우연히 찾게 된 건축전시회에서 나는 예상 밖의 수확을 얻은 셈입니다. 전시 후에 찾아 본 그의 책은 건축에 관한 책이라기보다 철학책이었습니다. 그의 생각을 읽으며 다소 움츠려있던 나의 삶에 대한 용기를 얻었습니다. 이것이 르코르뷔지에 건축전에서 얻은 가장 큰 효과였습니다.

반창고

내가 하는 일이 의미 없어 보이고 그래서 스스로가 작아지는 날이 있어요. 이 길 위에 서 있는 것이 맞는 일인지 회의도 들고요. 문득 찾은 전시장에서 불현듯 내 일상의 소중함을 확인합니다. 답이 찾아지지 않는 문제에 갇혀있을 때 나와 전혀 관계없을 것 같은 장소로 가 봅니다.

더불어 읽고 생각해 보면 좋을 이야기

성실함은 하늘의 도이고,
성실하고자 하는 것은 사람의 길이다.
성실함은 힘쓰지 않아도 적중하고
생각하지 않아도 얻으며 자연스럽게 도와 합치되니
성인이 닿을 수 있는 경지이다.
성실하고자하는 것은
좋은 것을 선택하여 견고하게 붙드는 것이다.
그렇게 하기 위해서는
넓게 배우고 깊이 질문하고 신중히 생각하고 밝게 분별하고
독실하게 행동해야 한다.
배우지 않을지언정
배웠다 하면 할 수 없는 것을 그대로 두지 않고,

질문하지 않을지언정
물었다 하면 알지 못하는 것을 그대로 두지 않으며,
생각하지 않을지언정
생각했다 하면 얻지 못한 것을 그대로 두지 않고,
변별하지 않을지언정
분별했다 하면 분명하지 않은 것을 그대로 두지 않으며,
행동하지 않을지언정
행동했다 하면 독실하지 못한 것을
그대로 두지 않는 것이다.
다른 이가 한 번에 그렇게 할 수 있다면 나는 백 번을 하고,
다른 이가 열 번에 그렇게 한다면 나는 천 번을 한다.
과연 이런 길을 걸을 수 있다면
비록 어리석더라도 반드시 밝아질 것이고,
비록 유약하더라도 반드시 강해질 것이다.

> 중용, 제20장: 誠者 天之道也 誠之者 人之道也. 誠者不勉而中 不思而得 從容中道 聖人也. 誠之者 擇善而固執之者也. 博學之 審問之 愼思之 明辨之 篤行之. 有弗學 學之弗能弗措也 有弗問 問之弗知弗措也 有弗思 思之弗得弗措也 有弗辨 辨之弗明弗措也 有弗行 行之弗篤弗措也. 人一能之 己百之 人十能之 己千之. 果能此道矣 雖愚必明 雖柔必強.

어떤 삶

그의 눈은 진심으로 기뻐하고 있었고 동시에 충만해 보였습니다. 오래된 필름 속의 빛바랜 영상에서도 그의 눈은 그렇게 또렷했습니다.

〈울지마 톤즈〉를 재개봉 한다는 소식을 듣고 '2020년을 여는 영화는 이거다!' 결정했습니다. 이태석 신부 선종善終 10주기를 맞아 10년 전에 못 본 영화를 보았습니다. 이 다큐멘터리는 톤즈Tonj 시절의 이태석 신부를 담고 있습니다.

그런데 상영관도 몇 개 되지 않은데다 상영 횟수도 적어서 큰마음을 먹지 않으면 못보고 지나기 십상이겠더군요. 영화 하나 챙겨보는 데도 큰마음이 필요한데 그는 어떻게 그런 삶을 선택할 수 있었을까, 신기한 일입니다.

2001년 사제서품을 받은 이태석 신부는 그해 아프리카 수

단 남부의 톤즈라는 마을로 갑니다. 내전의 상흔이 고스란히 남아있는 톤즈는 황폐했고 사람들의 생활은 참담했습니다. 의료혜택이 전무했던 톤즈의 사람들은 이태석 신부의 진료소로 모여들기 시작했습니다. 진료소로 오지 못하는 이들을 위해서 신부는 차를 몰고 환자를 찾아가기도 합니다. 길 없는 길을 만들어 가며 어떤 희망도 가질 수 없는 환자에게로 갔습니다. 특히 한센병 환자의 방문치료가 많았습니다.

한센병 환자들에게 신발을 선물한 다음 그 신발을 신은 발들과 자신의 발을 나란히 모아 사진을 찍습니다. 신부도 신발 선물을 빋은 이들도 너없이 환한 웃음을 짓고 있습니다. 환자들의 뭉툭해진 발을 종이 위에 올리고 족적을 그리는 것에서부터 완성된 샌들에 이르는 모든 공정이 신부의 손에서 이루어집니다. 평생 처음 신발을 신어 본 이들의 감격한 표정과 그들 사이에서 더 활짝 웃고 있는 이태석 신부, 그리고 함께 어울려 사진을 찍는 그의 천진한 표정. 인상적인 장면입니다.

톤즈에서의 이태석 신부는 의사이며 교육자인 동시에 건축가이기도 했습니다. 그런데 그 모든 것에 앞서 그곳 사람들의 친구였습니다. 영화에는 한국에 유학 와서 의대를 졸업하고 결혼식을 올리게 된 톤즈 청년이 나옵니다. 이태석 신부가 만든 고등학교 과정을 마친 청년입니다. 청년은 우리나라에서 의학을 공부하고 결혼까지 하여 든든한 성인이 됩니다. 교육자 이태석 신부의 보람이었을까요. 이젠 그가 신부가 떠난 톤즈의 의사가 되었을 겁니다.

신부님은 특히 아이들의 얼굴에 웃음을 찾아주는 일에 주목했습니다. 그래서 학교를 세웠고 교사가 되었습니다. 교육을 통해 아이들의 삶이 앞으로 나아가길 바랐습니다. 음악을 매개로 아이들의 자존감을 키워주려고도 했습니다. 그는 치료의 목적으로 음악을 가르치기 시작했는데 예상보다 좋은 효과가 있음을 알게 됩니다. 이에 더 적극적으로 학생들을 선발하고 브라스밴드brass band를 구성하기에 이릅니다. 톤즈 아이들이 음악을 받아들이는 능력은 놀라웠고 이태석 신부의 추진력은 최고였어요.

이태석 신부는 2008년 11월, 휴가차 한국에 왔다가 대장암 발병 사실을 알게 됩니다. 그리고 1년여의 투병 끝에 선종합니다. 그는 "가장 낮은 이에게 행한 것이 예수께 행한 것"이라는 성경 말씀이 자신을 움직이게 했다고 말했습니다. 그는 사제가 된 다음 어려운 환경에 처한 이들에게로 가서 그들과 진정한 친구가 되었습니다.

'이런 삶을 선택할 수도 있구나.' 감사한 경험입니다. 인간이라는 종이 구현할 수 있는 삶의 다양한 스펙트럼이 놀랍기도 합니다. 가진 능력을 나쁜 짓에 쓰고 불법으로 얻은 성취를 자랑하는 이들에게 받은 상처를 잠시 잊을 수 있는 시간이었습니다. 이태석 신부의 비범하면서 아름답기까지 한 삶을 보면서 긍정적 자극을 받습니다.

반창고

사람이 꽃보다 아름답다고 노래했지요. 그런데 실제로는 생각보다 자주 아름답지 못한 자신의 모습에 좌절합니다. 스스로의 모습이 마음에 들지 않은 날. 아니면 부정하게 얻은 성과로 승자임을 과시하는 이에게 상처 받은 날. 〈울지마 톤즈〉를 보세요. 내가 잊고 있었던 것, 애써 기억하지 않으려 했을지도 모를 마음. 그런 것들을 살피게 합니다. 위로받고 격려를 얻을 수 있습니다.

더불어 읽고 생각해 보면 좋을 이야기

자하가 말했다.
"현명한 사람을 현명하다고 인정하는 태도를
이성을 좋아하는 마음과 바꿀 수 있고,
부모 섬기는데 최선을 다할 수 있으며,
임금 섬기는 일에 자신을 내놓을 수 있고,
벗들과 사귈 때 그 말에 신의가 있다면
비록 그가 교육을 받지 못했다 해도
나는 반드시 그가 잘 배운 사람이라 말할 것이다."
> 논어, 학이 7: 子夏曰 賢賢易色 事父母 能竭其力 事君 能致其身 與朋友交 言而有信 雖曰未學 吾必謂之學矣.

공자가 말했다.
"다른 사람이 나를 알아주지 않는 것을 걱정하지 말고
알려질 것이 없는 것을 걱정하라."
> 논어, 헌문 32: 子曰 不患人之不己知 患其不能也.

공자가 말했다.
"군자는 자신이 무능한 것을 걱정하지
남들이 자기 알아주지 않을 것을 걱정하지는 않는다."
> 논어, 위령공 18: 子曰 君子 病無能焉 不病人之不己知也.

눈에 띄도록

좌우명을 한자로 쓰면 座右銘입니다. 앉은 곳 오른쪽[가까이]에 새긴 글이라는 뜻입니다. 이 말은 중국 한나라 때 최원崔瑗이라는 학자가 경계로 삼을 글을 짓고 그 제목을 '좌우명'이라 했던 데에서 나왔습니다. 그러나 그 의미는 춘추시대 제나라의 환공桓公의 술독에서 유래를 찾을 수 있습니다. 환공의 술독은 술이 적당히 채워져 있을 때는 비스듬히 누워있도록 만들었습니다. 만일 욕심스럽게 술독에 술을 가득 채우면 비스듬하던 술독이 똑바로 섰다가 쓰러져서 술이 쏟아져 버리게 설계되었고요. 지나침으로 인한 낭패를 경계하고 중용을 지키자는 뜻을 담은 도구였습니다.

그런데 좌우명에 관한 더 오래된 전거는 《대학》에 보입니다. 고대의 훌륭한 왕으로 일컬어지는 은나라 탕왕의 이야기예요.

탕왕은 욕조에다 "진실로 새롭게, 나날이 새롭게, 또 새롭게![苟日新 日日新 又日新]"라는 글을 새겨 놓았습니다. 그는 매일 몸을 씻으면서 이 문장을 읽고 혁신의 의미를 되새겼을 겁니다.

옛사람들은 집이나 방에도 무슨 재齋니 무슨 헌軒이니 하는 식의 이름을 붙여 놓았습니다. 집이나 방의 이름을 현판에 써서 입구에 붙이기도 했고요. 이는 오가면서 써 붙인 글귀를 보고 경계하란 뜻이었을 터이니 좌우명과 통하는 장치입니다. 조선의 설계자란 닉네임을 가진 정도전은 태조의 명을 받아 새로운 나라 새 궁궐의 이름을 지었습니다.

그는 궁궐의 완성을 축하하는 연회에서 경복궁이라는 이름을 지었습니다. "술이 세 차례가 돌자 신 도전에게 명하시기를, '지금 도읍을 정하여 종묘에 제사 지내고 새로운 궁전이 낙성되어 여러 군신들과 잔치를 열게 되었으니, 그대는 궁전의 이름을 지어서 나라와 더불어 길이 빛나도록 하라.'라고 하셨습니다. 신은 삼가 머리를 조아려 절하고,《시경》〈주아〉편의 '이미 술에 취하고 그 덕으로 배부르니 군자시여 만년토록 그대 큰 복[景福]을 받으소서[旣醉以酒 旣飽以德 君子萬年 介爾景福]'라는 시구를 인용하여 새 궁전의 이름을 경복궁이라고 짓기를 청하였습니다." 이렇게 정도전은 왕에게 덕에 의한 정치를 주문했던 것입니다.

영양보조제를 거의 먹지 않았지만 급격하게 나빠지는 시력이 걱정되어 최근에 루테인을 복용하기로 했습니다. 반드시 필요하다고 생각하여 결정한 일이었음에도 불구하고 하루 한 알 챙기는 매우 간단한 일을 걸핏하면 잊습니다. 그래서 식탁 한편의 통 안에 보관하던 약을 통 위에다 눈에 띄게 두었더니 웬만해선 잊지 않게 되었습니다.

새해가 되면 '결심'에 관련된 사업이 호황입니다. 체육관, 회화학원, 다이어트 산업 등이 높은 수요 곡선을 나타냅니다. 작심삼일의 법칙은 언제나 우리를 따라다녀서 당연히 이들의 높은 수요 곡선이 12개월 동안 유지되는 건 아닙니다. 작심은 해도 삼일을 넘기기는 어려운 법이니까요.

문제는 반복적이며 지속적으로 유지하는 것이 힘든 반면 이것이 잘 되어야 나의 삶이 개선되고 성장할 수 있다는 것입니다. 작심삼일이 문제이면 삼일마다 작심을 하자고도 합니다. 여기에 하나를 보태면 책상머리에 좌우명을 붙여놓고 늘 보면서 잊지 않으려 했던 옛사람들의 지혜를 빌리자는 것입니다.

반창고

꿋꿋하게 해내지 못하는 나를 자책하다 보면 나는 점점 작아집니다. 그러기보다는 성공의 기억을 만드는 편이 좋습니다. 이를 위해서 실현 가능성을 높이기 위한 장치들을 사용해 보는 겁니다. 예컨대 잊지 않고 챙길 수 있도록 눈에 띄게 해주는 것이지요. 그 생각을 적어보고, 책상 옆에 붙여두고.

더불어 읽고 생각해 보면 좋을 이야기

남의 허물을 말하지 말고,
자신의 장점을 자랑하지 말라.
남에게 베푼 것은 삼가 염두에 두지 말고,
은혜를 입었으면 삼가 잊지 말라.
세상의 칭찬은 바랄만한 것이 아니니
오직 인으로 기준을 삼으라.
(중략)
우직하게 성인의 착함을 지키며,
말은 삼가고, 음식을 절제하라.
만족할 줄 알아 상서롭지 못함을 이겨 내어라.
행하는 것에 진실로 항상됨이 있어서
오래도록 실천해 가면 저절로 좋은 향기를 낼 것이다.

〈座右銘〉: 無道人之短 無說己之長 施人愼勿念 受施愼勿忘 世譽不足慕 唯仁爲紀綱 …… 守愚聖所臧 愼言節飮食 知足勝不祥 行之苟有恒 久久自芬芳. [崔瑗 지음, 출전 《문선(文選)》]

탕임금의 욕조에 새긴 글에 이르기를
"진실로 새롭게, 나날이 새롭게, 또 새롭게!"라고 했다.
《서경》〈강고〉편에 이르기를
"새로워진 백성을 진작시키라."고 했다.
《시경》에 이르기를
"주나라가 비록 오래된 나라이나 그 명이 오직 새롭다.
이런 까닭에 군자는 그 최선의 방법을
사용하지 않는 경우가 없다."고 했다.

　　대학, 전2장: **湯之盤銘曰 苟日新 日日新 又日新. 康誥曰 作新民. 詩曰 周雖舊邦 其命惟新 是故君子無所不用其極.**

움직이며

이번엔 기적을 믿어볼까요

기적奇蹟이란 기이한 행적이란 글자의 뜻 그대로 상식적으로 이해할 수 없는 일을 말합니다. 주로 종교인들의 종교적 체험과 연관하여 많이 사용되는 단어이고요. 가끔 현실적으로 될 수 없는 일에 대해 기적을 바라는 심정으로 염원을 할 때 소환되기도 하는 말입니다. 이런 맥락에서 "당신은 기적을 믿나요?"라고 묻는다면 나의 대답은 "아니요. 믿지 않아요."입니다. 그러니까 신비한 차원의 기적은 믿지 않는다는 뜻입니다.

다만 사람에겐 기적적인 결과를 만들어 낼 수 있는 힘이 있다고 생각합니다. 특히나 우리에겐 '2016년 촛불'의 기억이 있으니까요. 근간엔 드라마를 보면서 사람이 만들어 내는 기적의 의미를 생각해 보았습니다. 〈동백꽃 필 무렵〉은 2019년 가을에 방영되었고 평균 시청률이 20%를 넘어서는 인기를 누렸어요. 남녀노소 다양한 시청자를 유인할 수 있는 매력을 지닌 드라마였습니다.

임상춘이라는 필명을 쓰는 이 드라마의 작가는 30대 여성으로 알려져 있습니다. 그는 자신의 정체를 대중에게 드러내지 않습니다. "나이도 성별도 없는 작가가 되고 싶다."고 했다던가요. 그는 어린아이에서 노인까지를 통틀어 '사람'에게 관심과 애정이 많은 사람에 틀림이 없습니다. 그렇지 않고서는 가능하지 않은 대사들이 드라마 속에서 배우들의 입을 타고 넘실댑니다. 미세한 감정의 움직임들을 포착해내는 솜씨가 놀랍습니다. 사실적인 사람들의 심리를 포착하고 그로 인해 벌어지는 애정과 갈등을 자연스런 대화에 녹여 내거든요. 그리하여 결국 위로의 메시지를 전합니다.

이 드라마의 주인공은 동백이란 이름의 미혼모입니다. 이 여자가 지방의 소도시에서 새로운 삶을 시작하는 데에서 이야기는 시작됩니다. 주인공이 터를 잡은 동네에는 배타적이면서도 인간적인 정을 지닌 사람들이 살고 있습니다. 우리 마을에서도 흔히 만날 것 같은 이들이 영상 속에 등장합니다. 더군다나 이 여자를 무조건적으로 사랑해 버리는 남자주인공 용식의 순수한 직진에 많은 여성들이 열광했고요. 동백을 고아원에 맡길 수밖에 없었던 엄마의 사연과 모성이 그 이야기 안에 들어 있습니다. 연쇄살인사건이라는 으스스한 장치도 극의 한편에 들어 있었지요.

이 드라마의 미덕은 한 사람의 삶에 내재된 복잡한 사연과 사람들의 다양한 관계, 거기에 소시오패스^{sociopath}의 사회현상까지 두루 화제에 올릴 수 있도록 했다는 것이었어요. 드라마 말미에 동백의 엄마가 생명이 위급한 상태에서 서울의 병원으로 이송되는 장면이 나옵니다. 성인이 되어 나타난 엄마와의 갈등이 거의 해소되던 차에 다시 동백에게 닥친 슬픈 일이었지요. 동백은 역시 자신에게 행운이 올 리 없다고 자조합니다.

작가는 이 순간에 시청자들에게 기적을 믿느냐고 질문한 다음에 동백 엄마가 탄 구급차가 이웃 사람들의 도움을 받아 서울의 병원까지 지체 없이 이동하는 과정을 보여줍니다. 결국 엄마는 생명을 되찾게 되고요. 다소 동화적인 장면이었으나 이 상징적 영상을 통해 작가가 건네는 말에는 공감이 되었습니다. 사람이 다른 사람을 위하는 마음을 먹을 때 할 수 있는 선택들. 좋은 관계가 가져오는 시너지. 그리하여 만나게 되는 상식적으로 이해할 수 없는 기적적인 결과. 이런 과정은 분명히 존재한다고 믿으니까요.

생각이 다르다는 이유로 잔인한 말들을 서슴지 않는 사람들에게 상처를 받아서 일까요. 이 드라마에서 보여준 다양한 생각을 가진 이들의 연대가 더 없이 부러웠을지 모릅니다.

반창고

온갖 거짓 뉴스가 사회관계망서비스(SNS)를 타고 넘나들어요. 하는 사람도 듣는 이에게도 독이 될 난폭한 언어가 범람하고요. 규제가 없으니 선을 넘어도 된다고 여기는 마음들이 넘실댑니다. 폭력적인 말이 누군가를 위로하거나 격려할 수는 없어요. 하는 이도 듣는 사람도 어둡게 만들 거예요. 이로 인한 피로감이 가중될 때에는 애써 예쁜 글과 영상들을 찾아보는 게 좋을 것 같아요.

더불어 읽고 생각해 보면 좋을 이야기

자장이 잘 통할 수 있는 방법을 묻자 공자가 말했다.
"말에 진심을 담고 믿음이 있으며 행동이 독실하고 공경스러우면 비록 오랑캐의 나라라 해도 잘 통할 수 있을 것이다.
말에 진심이 없고 신뢰도 없으며 행동은 독실하지 않고 공경스럽지도 않다면 비록 행정단위가 잘 갖추어진 나라라도 통할 수 있겠는가?
서 있을 땐 그것이 앞에 참여하고 있듯이 보고
수레를 타고 있을 때에는 그것이 멍에에 기대어 있는 것처럼 보아야 한다.
그런 다음에야 잘 통할 수 있다."
자장이 이 말씀을 띠에 썼다.

> 논어, 위령공 5: 子張問行 子曰 言忠信 行篤敬 雖蠻貊之邦 行矣. 言不忠信 行不篤敬 雖州里 行乎哉. 立則見其參於前也 在輿則見其倚於衡也 夫然後行. 子張 書諸紳.

자하의 문인이 자장에게 사귀는 것에 대해 물으니
자장이 말했다.
"자하는 무엇이라 말하였는가?"
대답해서 말하기를
"자하께서는 사귈만한 사람은 함께하고
사귀어서 안 될 이는 거절한다고 하셨습니다."
자장이 말했다.
"내가 들은 것과 다르구나.
군자는 현명한 이를 높이지만 대중을 포용하고
잘하는 이를 아름답게 여기나
능력 없는 이를 불쌍히 여긴다.
만일 내가 대단히 현명한 이라면
타인에 대해 받아들이지 못할 것이 무엇이겠는가.
내가 현명하지 못하다면 다른 사람들이 나를 거절할 것인데
어떻게 타인을 거절할 것인가."

> 논어, 자장 3: 子夏之門人 問交於子張 子張曰 子夏云何. 對曰 子夏曰 可者 與之 其不可者 拒之. 子張曰 異乎吾所聞. 君子尊賢而容衆 嘉善而矜不能. 我之大賢與 於人 何所不容. 我之不賢與 人將拒我 如之何其拒人也.

움직이며

〈두 교황〉 이야기

 새해가 시작되고 보름 안에 세 편의 영화를 보았고 우연찮게 모두 가톨릭 사제들의 이야기였습니다. 사제가 주인공인 이들 영화는 종교적이기보단 보편적인 이야기였어요. 〈울지마 톤즈〉가 그랬고 〈교황 프란치스코〉도 마찬가지고 〈두 교황〉 역시 그렇습니다.

 〈두 교황〉은 현역이었던 교황 베네딕토 16세와 아르헨티나 출신 추기경 베르골리오[현 프란치스코 교황]의 이야기입니다. 영화는 차고 넘치게 다른 성향을 가진 두 사람이 진솔한 대화를 나누고 그를 통해 갖게 된 우정과 신뢰를 보여줍니다. 바티칸의 교황청 식당에서 클래식 음악을 들으며 혼자 식사하는 베네딕토 16세와 아바의 음악을 흥얼거리며 거리의 식당에서 보통 사람들과 피자를 즐기는 베르골리오. 이 두 장면만으로도 분명히 다른 두 사람의 캐릭터가 보입니다.

영화는 베네딕토 16세로 추대되는 투표장면에서 시작하여 이 교황이 다음 번 교황으로 베르골리오를 지명하는 과정을 지나 베르골리오가 새로운 교황이 되기까지를 보여줍니다. 교황직의 피선거권은 정통신앙을 가진 모든 가톨릭 신도에게 있는데 통상은 추기경 중에서 선출합니다. 선거는 비밀투표로 이루어지며 출석자의 3분의 2의 표를 얻는 이가 나올 때까지 계속됩니다. 이 투표를 통해 교황이 선출되면 교황청의 굴뚝으로 흰 연기를 피어 올려서 새 교황의 탄생을 알립니다.

베네디도 16세는 학자 출신으로 교리에 밝은 보수주의자였는데 당시의 교회가 처한 각종 어려운 상황에 유동적으로 대처하지 못했다는 평가를 받습니다. 그는 교회 내의 성차별을 용인하고 성소수자에 대한 불관용의 태도를 견지하고 피임과 낙태, 혼전 성관계 등에 대한 사회적 논의에서 철저한 보수주의의 입장이었습니다.

베르골리오의 상황도 평탄하지는 않았습니다. 그는 소탈하고 청빈했지만 민주화 이전 아르헨티나의 군부독재시절에 이들에 협조하거나 소극적으로 대응했다는 비판을 받고 있었습니다. 영화에서는 베르골리오가 이 전력에 대한 죄의식을 갖고 있는 것으로 묘사됩니다.

이 두 사람이 만났을 때 베르골리오는 여러 사회문제와 사제들의 성추문과 같은 현안에 대해 교회가 적절히 대처하지 못함을 비판합니다. 아울러 자신은 추기경을 사임하고 평신부로 사제의 사명을 다하겠다고 합니다. 그러나 베네딕토 교황은 베르골리오의 현실인식에 반대하며 그의 추기경직 사임도 허락하지 않습니다.

대화가 계속되면서 상호 이해의 여지가 생기고 친근감이 형성되자 이번에는 베네딕토 16세 교황이 교황직 사임의사를 밝힙니다. "주님께서 새 교황을 통해 이전 교황을 바로 잡으신다고 하더군요."라고 하면서요. 하지만 베르골리오는 자신이 과거 독재정권에 침묵했고 예수회 총장시절 소속 사제 2명이 체포와 고문당하는 것에 제대로 저항하지 못했음을 부끄럽게 여기고 그것이 마음의 그림자로 남아있다고 털어 놓습니다.

베네딕토 교황은 "우리는 신과 가까이 있지만 신이 아니며, 그러한 뉘우침과 죄의식이 더 겸손하고 더 포용적인 교회으로 만들어줄 것"이라고 말해줍니다. 이런 대화를 나눈 1년 뒤에 베르골리오는 교황으로 선출되었습니다.

양 극단의 정치사회적 성향을 가진 두 사람이 논쟁을 통해 다른 점을 확인하는 동시에 상대가 가진 가치를 발견합니다. 특히 철저한 원리주의이자 보수주의자인 사람이 자신과 다른 의견을 경청하고 그 가치를 인정해 주는 모습, 게다가 자신이 물러날 때를 알고 그것을 실천했던 베네딕토 16세의 행보가 특히 인상적이었어요. 멋있는 보수를 만나기 어려운 우리 현실 때문이었을까요.

반창고

〈두 교황〉의 마지막 장면에서 두 사람은 2014년의 월드컵을 함께 즐기고 있습니다. 본래 축구광인 베르골리오는 그렇다 쳐도 축구경기와 거리가 멀었던 베네딕토 교황의 엉거주춤한 모습이라니요. 공교롭게도 그해 월드컵은 독일과 아르헨티나가 결승전에서 맞붙었고 결국 독일선수의 결승골에 탄식하는 베르골리오의 목소리가 나오며 영화는 끝이 나지요. 더 없이 유쾌한 장면이었습니다. 화해와 치유 그리고 화합의 상징이 오롯이 들어있었으니까요. 마음이 편안해지는 순간이었습니다.

더불어 읽고 생각해 보면 좋을 이야기

공자가 말했다.
"군자는 말만 듣고 사람을 천거하지 않고
사람이 좋지 않다고 좋은 말까지 버리지는 않는다."
    논어, 위령공 22: 子曰 君子 不以言擧人 不以人廢言.

공자가 말했다.
"가르칠 때에 차등을 두지 않았다."
    논어, 위령공 38: 子曰 有敎無類.

같은 꿈을 꾸는 사람

영화 〈천문〉은 세종과 장영실의 신뢰와 우정에 관한 이야기입니다. 역사적 사실에다 픽션Fiction을 가미한 사극이에요. 〈팔월의 크리스마스〉를 만든 감독답게 사람의 섬세한 감정을 영상에 담아낸 솜씨가 각별했고요. 세종을 연기한 한석규와 장영실을 연기한 최민식의 호연이 돋보였던 영화입니다. 사람과 사람이 서로를 신뢰하고 상대의 믿음에 대한 최선의 응답을 주는 모습을 볼 수 있어서 좋았습니다.

세종은 조선의 왕 중 단연 돋보이는 인물입니다. 백성에 대한 애정으로 충만했던 가슴을 훈민정음의 창제로 증명하였고요. 집현전의 학단을 이끈 학술적 이미지와 실천력의 증거들은 그의 치세에 촘촘히 드러나 있습니다. 장영실과 같은 인물을 중용하고 함께 의미 있는 결과물을 만들어 낸 것에서도 알 수 있는 것처럼 말이지요.

영화에서 세종이 장영실을 발탁하게 된 계기는 우연한 사건이었습니다. 세종은 외국에서 들여 온 코끼리 물시계 그림을 보고 그 원리에 대해 학자들에게 질문합니다. 그 답을 잘 모르는 학자들의 궤변에 세종이 지쳐갈 즈음 저 끝에서 엎드려 있던 장영실이 등장하는 겁니다. 그렇게 둘이 만나고 조선식 물시계를 제작하는 프로젝트가 시작되지요.

1434년 드디어 물시계[자격궁루自擊宮漏]가 완성됩니다. 이제 해가 없어도 시각을 알릴 수 있게 되었습니다. 백성의 생활을 한층 편리하게 해 주는 장치입니다. 세종은 이어 우리의 달력을 만들자고 주문합니다. 농업시대의 민중에게 절기는 매우 중요한 지침입니다. 그럼에도 우리는 중국의 역법을 따르고 있었거든요. 우리가 중국의 역법에 따르는 것은 당연히 비과학적인 일입니다.

역법은 천문의 관찰을 통해 만들어집니다. 장영실은 왕의 명에 따라 천문관측기 간의簡儀를 제작합니다. 영화에서는 장영실이 왕의 명에 따라 물시계를 만들고 잇달아 간의를 제작하는 과정에서 불거진 갈등이 주요 사건이 됩니다. 그 시절의 역법은 매우 중요한 국가의 근간이며 기밀이어서 중국은 그 독점권을 놓치고 싶지 않았을 겁니다. 따라서 중국과의 마찰이 있었고 이 문제에 대응하는 국내 정치인들의 입장이 첨예하게 부딪치지요.

세종에 반대하는 사람들은 장영실을 왕에게서 떼어냄으로써 중국과의 마찰을 무마하고자 합니다. 그런 와중에 세종의 가마가 부서지는 사고가 납니다. 영화에서는 이 사건이 세종이 장영실을 보호하려고 꾸민 일로 나옵니다. 장영실은 자신 때문에 세종이 정음을 만드는 일에 차질을 주지 않고자 죽음을 택하게 되고요. 이 부분에서 역사적 사실과 다른 이야기가 풍부합니다. 마지막 부분에서 세종은 영실을 지키려 하고 영실은 왕을 지키려는 강렬한 눈빛 교환 장면, 역시 명배우들입니다.

《조선왕조실록》에는 영화와 달리 장영실은 태종 때부터 발탁되어 중국 유학까지 다녀 온 것으로 기록되어 있습니다. 세종이 특별히 총애했던 것은 사실과 부합하고요. 물시계나 해시계, 천문관측기 등을 제작한 것도 사실입니다. 세종의 가마가 부서진 일은 사실로 기록되어 있지만 세종이 사용하기 전의 일로 나옵니다. 이 일로 장영실은 장형을 받게 되고요. 그 후의 행적은 기록에 없습니다.

〈천문〉의 감독이 세종과 장영실의 우정을 이야기 한 것은 그의 상상력에서 나온 것입니다. 그런데 역사적 사실과 연관해서 생각해 보더라도 터무니없는 스토리는 아닌 것 같습니다. 그리하여 두 시간이 넘는 상영시간 내내 마음이 따뜻하거나 울컥하는 감동이 있었던 점을 고백합니다.

반창고

왕은 "별 보는 것이 좋은데 비가 와서 별을 볼 수 없으니 섭섭하다"고 합니다. 영실은 방의 불을 끄고 창호지 문에 먹물을 칠한 다음에 별자리와 같은 모양으로 구멍을 뚫어요. 그리고 문 밖에서 불을 비추게 하지요. 두 사람은 비오는 밤에도 함께 별을 봅니다. 같은 꿈을 꾸는 사람의 존재가 그렇게 든든할 수가 없더군요.

더불어 읽고 생각해 보면 좋을 이야기

공자가 "삼아! 나의 도는 하나로 꿰뚫어지는 것이다."라고
하자 증자는 "잘 알겠습니다!"라고 답했다.
공자가 나가자 제자들이 증자에게 물었다.
"무엇을 말씀하신 것인가?" 이제 증자가 말했다.
"선생님의 도는 충서일 뿐이라네."

> 논어, 이인 15: 子曰 參乎 吾道一以貫之. 曾子曰 唯. 子出 門
> 人問曰 何謂也. 曾子曰 夫子之道 忠恕而已矣.

자로·증석·염유, 그리고 공서화가 공자를 모시고 앉아있을
때 공자가 말했다.
"내가 비록 그대들보다 나이가 좀 많지만 나를 어렵게
생각하지 말라.
평소에 '나를 알아주지 않는다.'고들 하는데
만일 자신을 알아준다면 무엇을 하겠는가?
자로가 경솔하게 대답하였다.
"천승의 나라가 큰 나라 사이에 끼어 있어서 전쟁이 있고
그에 따라 기근이 생긴다면
제가 나서서 3년 이내에 용맹하고도 나아갈 방향을 알 수
있는 나라로 만들어보고 싶습니다." 하니 공자가 웃었다.

"구야, 그대는 어떠한가?"
염유가 대답했다.
"사방 60-70리 아니면 50-60리의 공간을 제가 다스리면
3년 안에 백성들이 풍족하도록 할 수 있습니다.
예악과 같은 부분은 다른 군자를 기다리겠습니다."
"적아 그대는 어떠한가?" 공서화가 대답했다.
"저는 제가 무엇을 할 수 있다고 말하는 것이 아니라
배우기를 원합니다.
종묘의 일이나 제후들이 모일 때에
현단복을 입고 장보를 쓰고 예를 집행하는 작은 임무를
맡고 싶습니다."
"점아 그대는 어떠한가?"
거문고 타는 소리가 띄엄띄엄 해지다가 거문고를 내려놓고
일어서서 말했다.
"저는 앞의 세 사람이 생각한 것과 다릅니다."
공자가 말했다.
"무엇이 잘못이겠는가. 각각 자신의 뜻을 말해보자는
것이다." 하니 증석이 말했다.
"늦봄에 봄옷이 다 만들어지면
관을 쓴 사람 대여섯 명과 어린아이 예닐곱 명과 함께
기수에서 목욕하고 무우에서 바람을 쐰 다음
노래하며 돌아오고 싶습니다."

움직이며

공자가 아아! 하고 감탄하면서 말했다.
"나는 점과 함께 하리라!"
세 제자가 나가고 증석만 남았을 때 증석이 말했다.
"세 사람의 말이 어떠하셨는지요?"
공자가 말했다.
"또한 각각 자신의 뜻을 말했을 뿐이다."
증석이 말했다.
"선생님께서는 왜 유의 말끝에 웃으셨는지요?"
공자가 말했다.
"나라를 다스리는 일은 예로써 하는 것인데
그의 말이 겸손하지 못했기 때문에 웃었다."
"구가 말한 경우는 나라를 다스리는 것이 아닙니까?"
"사방 60-70리나 50-60리를 어떻게 나라가 아니라고 할 수 있는가."
"적이 말한 경우는 나라를 다스리는 일이 아닌지요?"
"종묘의 일과 회동하는 일이 제후의 일이 아니고 무엇인가?
적이 하고픈 일이 작다고 하면
어떤 일을 크다고 할 수 있는가."

논어, 선진 25: 子路曾皙冉有公西華 侍坐. 子曰 以吾一日長乎爾 毋吾以也. 居則曰 不吾知也. 如或知爾 則何以哉. 子路率爾而對曰 千乘之國 攝乎大國之間 加之以師旅 因之以饑饉 由也爲之 比及三年 可使有勇 且知方也. 夫子哂之 求爾何如. 對曰 方六七十 如五六十 求也 爲之 比及三年 可使足民 如其禮樂 以俟君子. 赤爾何如. 對曰 非曰能之 願學焉 宗廟之事 如會同 端章甫 願爲小相焉. 點爾何如. 鼓瑟希 鏗爾舍瑟而作 對曰 異乎三子者之撰. 子曰 何傷乎 亦各言其志也. 曰 莫春者 春服旣成 冠者五六人 童子六七人 浴乎沂 風乎舞雩 詠而歸. 夫子 喟然嘆曰 吾與點也. 三子者出 曾皙後 曾皙曰 夫三子者之言 何. 子曰 亦各言其志已矣. 曰 夫子何哂由也. 曰 爲國以禮 其言 不讓 是故 哂之. 唯求則非邦也與. 安見方六七十 如五六十而非邦也者. 唯赤則非邦也與. 宗廟會同 非諸侯而何. 赤也爲之小 孰能爲之大.

움직이며

판소리 강좌 폭풍검색

 한국으로 여행 온 외국인들이 즐겨 찾는 여행지 중의 하나가 야구장입니다. 야구장에서는 야구경기 이외에 즐길 거리가 많습니다. 관중석에 앉아 맥주와 치킨의 조합인 치맥을 즐길 수 있습니다. 치어리더cheerleader의 흥겹고 현란한 리딩에 따라 간단한 율동과 함께 목이 터져라 외치는 응원구호로 스트레스가 시원하게 해소됩니다. 야구경기의 승패와 관계없이도 즐길 거리가 꽤 많습니다. 이런 야구장의 풍경이 꽤나 흥미로운 문화로 소개되는 것 같습니다.
 경험해본 이들은 알지요. 흥겹게 소리친 뒤의 후련함을요. 한국 축구팀의 4강 진출신화가 만들어진 2002년의 월드컵은 이제 역사가 되었습니다. 앞으로 한동안은 세계축구에서 한국의 그런 성적을 기대하긴 어려울 겁니다. 붉은색 옷을 입고 시청 앞에 빽빽하게 모인 남녀노소의 붉은 물결은 장관이었어요. '대~한민국'을 외치며 다섯 번의 박수를 치는 응원구호로 시청 앞 광장이 들썩였고요.

생전 처음 보는 이들이 오래전부터 알았던 사이처럼 친숙하게 어깨를 걸고 노래하며 발을 굴렀어요. 신이 나고 아름다운 광경이었습니다. 시청 앞 광장처럼 넓은 공간 뿐 아니라 동네의 식당이나 카페에서도 사람들은 삼삼오오 모여서 어깨를 걸고 목청껏 소리 높여 응원가를 불렀지요. 예로부터 가무를 즐겼다는 우리민족의 정서가 이런 것이었을까 생각했습니다. 한바탕 신명나게 놀고 난 뒤 놀았던 자리를 깨끗하게 정리하고 해산하는 성숙한 모습까지 참 자랑스러운 시간이었습니다. 이런 성숙함이 2016년의 촛불로 다시 떠올랐을까요.

암튼 2002년의 우리는 한동안 발산하지 못하고 안에 쌓아두었던 것들을 풀어낼 수 있었습니다. 가무를 즐겼던 데에는 예술적 정서의 표현이라는 측면과 내재된 불순한 에너지를 내보내려는 의도가 함께 들어 있을 거예요. 보통사람이라면 후자의 효용이 더 컸을 것 같고요. 며칠 전 외국의 재즈연주자들과 합동공연을 하는 판소리 전문가에 대한 기사를 보았습니다.

그는 판소리가 치유의 소리라는 관점을 보여줍니다. 예컨대 발음이 어려운 중증장애인들이 주 1회의 판소리 수업을 통해 소리를 내지르는 연습을 하면서 얼굴 표정이 바뀌었다 합니다. 우울증 약을 복용하던 중년의 여성은 판소리를 배우며 우울증을 극복했다 하고요. 그에 따르면 판소리는 깊은 호흡으로 내면에 쌓인 감정을 내뿜어서 해소하게 해 준다고 합니다.

요즘 생각의 주제가 해소하는 방법이다 보니 그 판소리 관련 기사가 적극적으로 눈에 들어왔을 겁니다. 판소리라면 '서편제'와 같은 영화나 뮤지컬에서 다루는 전통 음악의 한 장르라는 정도의 관심만 있었습니다. 가끔 몇 시간에 걸친 판소리 완창에 대한 정보를 접하면 대단하다는 짧은 평을 남기는 수준의 관심이지요. '판소리' 공연에서는 한 명의 소리꾼과 한 명의 고수가 음악적인 이야기를 엮어냅니다. 여기에는 표현력이 풍부한 창[노래]과 일정한 양식을 가진 아니리[일상적 어조의 말]로 구성된 사설과 너름새[몸짓] 등이 포함됩니다. 요란하지는 않지만 다양한 표현과 감흥을 줄 수 있는 형식입니다.

내가 그런 장르에 직접 다가갈 수 있겠다는 생각을 해 본 적은 이번이 처음입니다. 폭풍검색을 통해 접근할 수 있는 몇 가지 강좌를 찾아냈습니다. 생각했던 대로 배울 수 있는 경로가 그리 다양하지는 않더군요. 올봄에는 생전 처음으로 판소리 교실에서 호흡을 배우고 발성을 배우며 저 안에서부터 나오는 나의 소리를 들을 수 있을까요.

반창고

답답한 일을 당했을 때 '말문이 막힌다.'는 표현을 쓰지요. 스트레스가 극심한 경우에 실어증을 앓기도 하고요. 표현을 할 수 없으면 더 깊은 스트레스 상황으로 갈 수 있습니다. 내 안에 들어 있는 생각과 감정을 적절한 방법으로 드러내는 일은 나의 안녕한 생활을 위해 중요한 문제입니다. 그렇다면 평소에 사용하지 않는 방법, 이를테면 판소리를 배우며 내면의 억눌린 감정을 드러내 보는 것도 좋은 선택일 것 같습니다.

더불어 읽고 생각해 보면 좋을 이야기

배운다는 것은 날로 더하는 것이고 도를 행하는 것은 날로
덜어내는 것이다. 덜어내고 또 덜어내어 무위함에 이르면
무위하지만 하지 못하는 것이 없게 된다.
천하를 얻고자 하면 항상 헛된 일을 만들지 말아야 하니
헛된 일을 만들기에 이르면 천하를 얻기에 부족하다.

   도덕경, 제48장: 爲學日益 爲道日損. 損之又損 以至於無爲
無爲而無不爲. 取天下 常以無事 及其有事 不足以取天下.

사람이 태어날 때에는 부드럽고 약한데
죽을 때에는 뻣뻣하고 딱딱해진다.
만물과 초목이 처음 생길 때는 부드럽고 무른데
죽을 때는 말라버린다.
그러므로 뻣뻣하고 딱딱한 것은 죽음의 무리이고
부드럽고 약한 것은 삶의 무리이다.
그렇기 때문에 군사가 강하기만 해서는 이길 수 없고
나무가 강하면 부러진다.
강하고 큰 것은 낮은 곳에 처하고
부드럽고 약한 것은 높은 데에 처한다.

   도덕경, 제76장: 人之生也柔弱 其死也堅强. 萬物草木之生
也柔脆 其死也枯槁. 故堅强者死之徒 柔弱者生之徒. 是以
兵强則不勝 木强則兵. 强大處下 柔弱處上.

아무노래 챌린지

　머리에서부터 얼음물을 쏟아 부은 뒤 세 사람의 이름을 호명하는 영상을 SNS에 올립니다. 호명된 3인은 24시간 안에 같은 형식의 영상을 올리는 식으로 릴레이가 이루어지지요. 아이스버킷 챌린지입니다. 다양한 이슈를 가지고 진행되는 퍼포먼스인데 그 기원은 루게릭병 환자를 돕자는 목적으로 시작되었습니다.

　루게릭병은 찬 얼음물이 몸에 닿는 것과 같은 통증과 함께 근육이 수축되는 병입니다. 얼음물을 몸에 붓는 행위를 통해 그 고통을 잠시나마 공감해 보고 그 환자들을 격려하자는 의도가 들어있는 기획이었지요. 아이스버킷 챌린지는 당시 20대였던 코리 그리핀[2014년 기부를 위한 다이빙 중 사망]이 루게릭병 진단을 받은 친구를 위해 2012년에 제안하였고 곧 세계적으로 확산되었습니다.

사회관계망서비스[SNS] 퍼포먼스를 통해 병을 앓고 있는 이와 공감해 보는 과정을 거친 다음에 기부를 통해 현실적인 도움을 주자는 청년의 기획은 퍽 아름다웠습니다. 경제적 도움을 주는 기부도 주요한 나눔의 행위입니다. 그런데 그 전에 흥미롭고 상징적인 한 단계 장치를 둠으로써 대중의 시선을 끄는 데 성공했습니다. 아이러니한 현실은 그가 루게릭병을 앓는 친구보다 먼저 세상을 떠났다는 사실일까요.

인생의 어느 시점에서부터는 뿌린 대로 거둔다는 인과의 과정이 직설적인 것이 아님을 인정해야 했습니다. 그렇지 않고서는 착한 사람이 힘겨운 환경에 던져지고 그 반대의 상황이 즐비한 현실을 받아들이기 어렵습니다. "아이스버킷 챌린지를 제안한 청년은 오래오래 행복하게 잘 살았답니다." 라는 동화의 결말은 현실이 되기 어렵다는 것이지요. 대신 "그 청년은 사는 동안 자신의 열정에 찬 행동에 충만했으므로 충분히 행복했을 거예요."로 해석하지 않을 도리가 없습니다.

나의 어려운 선택이 자신의 이익을 돌보는 방향이 아니었다면 내게는 그에 걸맞은 보상이 주어져야 할 겁니다. 그런데 보통 이럴 경우 그 반대의 결론을 마주합니다. 현실이 그러하니 내 뜻과는 다르지만 편안한 선택을 해야 할까요. 양심이란 걸 잠시 내려놓으면 빵을 얻을 수 있으니까요. 맹자의 성선을 곧이곧대로 믿지 않는 사람이지만 결정적인 순간에는 무시할 수 없는 내면의 소리를 듣게 됩니다.

오솔길 모퉁이에서의 작은 결정이 타인에게 주는 반향은 당연히 미미합니다. 그래도 이 길이 적어도 나의 삶에서는 의미가 있다고 스스로를 격려합니다. 늘 세상의 주류가 되지는 못했어도 내면의 소리를 차단하지 않고 그에 따라 걸어갔던 이들의 크고 작은 길이 있었습니다. 이것이 인간 세상의 균형을 유지하는 버팀목이었다고 여깁니다.

세련되지 못한 생각으로 내내 오솔길을 걸을지라도 한편으론 자존감을 지킨다는 자부심을 챙깁니다. 그럼에도 불구하고 한편으론 루저가 되어버린 것 같아서 위축되는 순간도 건너가야 합니다. 그럴 땐 위축되고 답답한 심정이 내 안에 자리 잡지 못하도록 풀어 주어야 합니다.

요즘 힙한 지코의 '아무노래'는 반복해서 들어도 싫증이 나지 않더군요. 이 노래에 맞춰서 신나게 몸을 흔들어 봐도 좋겠습니다. 아무노래 챌린지를 검색해 보면 이 노래에 맞춰 춤추는 영상이 즐비합니다. 해소의 시간은 필요하고 그 구체적이고 손쉬운 방법을 마련하는 건 지혜입니다.

반창고

복잡한 생각을 일단 접어 두고 땀이 나도록 몸을 흔들어 봅니다. 적절한 음악이 있어야 그 효과는 증폭될 것이고요. 격렬한 몸동작이 때론 보약입니다.

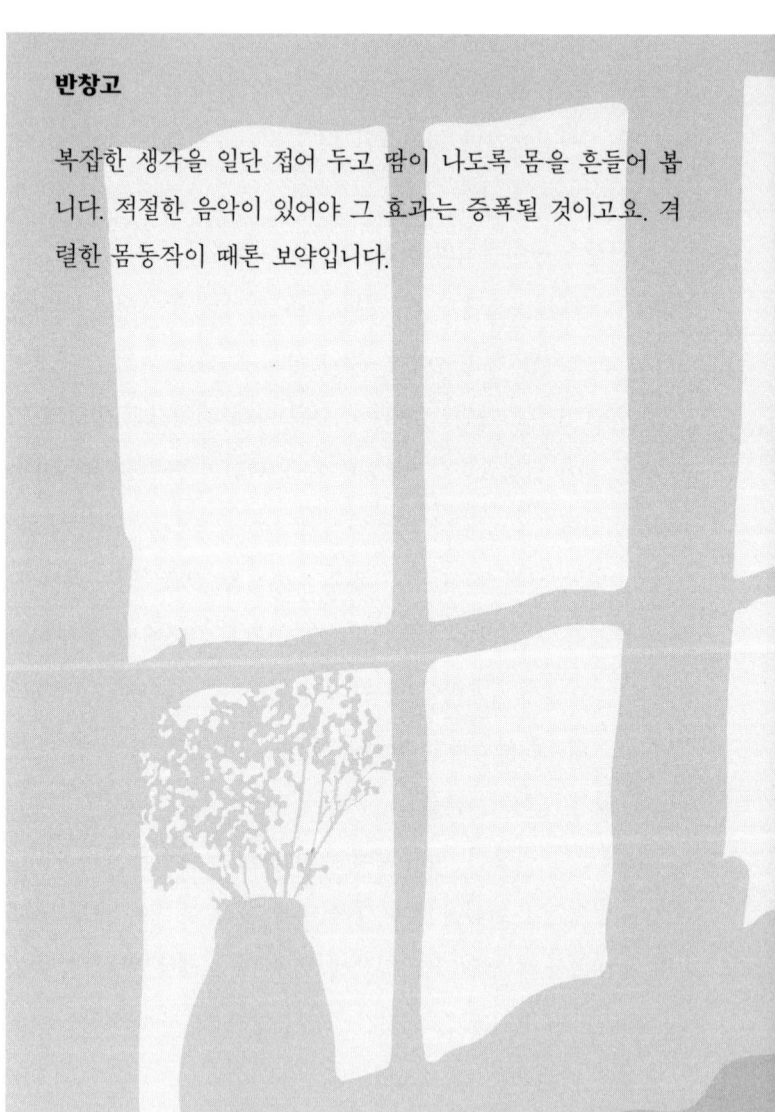

더불어 읽고 생각해 보면 좋을 이야기

공자가 말했다.
"군자는 마음에 덕을 품고
소인은 마음에 땅을 품으며
군자는 형벌이 있음을 생각하고
소인은 혜택 받을 것을 생각한다."

   논어,이인 11: 子曰 君子懷德 小人懷土 君子懷刑 小人懷惠.

공자가 말했다.
"군자는 아홉 가지를 생각함이 있어야 한다.
보는 것은 밝을 것을 생각하고
듣는 것은 슬기로울 것을 생각하며
얼굴빛은 따뜻하게 할 것을 생각하고
모습은 공손할 것을 생각하며
말은 진심을 다할 것을 생각하고
일을 할 때에는 공경할 것을 생각하며
의문이 있을 때에는 질문할 것을 생각하고
분노가 일면 어려워질 것을 생각하며
얻을 것이 보이면 올바른 것인지를 생각한다."

   논어, 계씨 10: 孔子曰 君子 有九思 視思明 聽思聰 色思溫 貌思恭 言思忠 事思敬 疑思問 忿思難 見得思義.

동네 여행

여행을 좋아하는 많은 사람들에겐 여행을 방해하는 갖가지 사정이 있습니다. 시간은 있으나 돈이 없기도 하고 돈은 있지만 시간이 없는 것처럼요. 나로 말하면 여행을 좋아하는 사람이 된 후에 작은 깨달음이 있었습니다. 물론 기회가 되고 여건이 맞는다면 여행지와 일정을 정하고 기꺼이 항공권을 예매할 겁니다. 그러나 이런 저런 이유로 떠날 수 없는 사정이 길을 막는 현실 앞에서, '반드시 비행기를 타야만 여행일까?' 했던 것입니다.

그런 생각을 하고 보니 내 주변이 여행지이고, 나의 일상이 여행 아닌 날이 없었습니다. 이렇게 해서 동네 산책이 짧은 여행이 되고 그 길에서 만난 찻집에서 눈이 번쩍 뜨이게 향이 좋은 커피를 마주할 수도 있었습니다. 관심을 갖고 바라보면 평소 전혀 발견되지 않던 장면이 포착됩니다.

다른 나라를 여행하던 때의 세심한 감각으로 바라보면 내 삶의 반경에 있던 곳이 새삼 새롭게 보입니다. 어느 날에 좀 더 시간을 들여 도서관에도 들리고 작은 전시공간을 구경하기도 합니다. 평소 다니지 않던 길로 접어든 날의 산책은 말 그대로 짧은 여행입니다.

주차 걱정 필요 없는 버스를 타고 좀 더 멀리 나가볼 수도 있습니다. 재미나는 구경거리가 즐비한 작은 상점이나 맛있는 빵집, 분위기 좋은 예쁜 찻집들은 골목에 숨어있는 경우가 많거든요. 이런 작은 여행은 주말을 이용할 수도 있고 퇴근 후의 시간이라도 가능합니다.

평범한 일상에 반짝이는 순간을 곁들이는 지혜로운 선택입니다. 생각의 방향을 살짝 달리해 보는 것. 귀찮음을 무릅쓰고 움직여 보는 것. 그런 작은 행동이 계기가 되어 내 생활의 색감이 달라집니다. 시간은 내가 어떤 선택을 하든 상관없이 무심히 흐릅니다. 비슷한 조건에서 살아간다 해서 그 생활의 방식까지 동일하진 않지요. 같은 조건에서 더 많은 것들을 누릴 수 있는 방식을 택하는 겁니다.

씨를 뿌리지 않고서는 아무리 작은 열매라도 거둘 수 없습니다. 나아가 들어 갈수록 세상에 대한 호기심이 줄고 안정된 틀 안에 들어가기를 선호하게 됩니다. 그렇게 편안함에 익숙해지면 안온해지기보다 무기력하고 우울한 상태로 빠질 가능성이 높습니다. 이런 결과를 원하지 않는다면 씨를 뿌리고 밭을 갈아야 합니다.

생활의 윤기를 더하고 스스로를 위로하는 열매를 얻기 위해 몸을 움직이고 생각을 전환하는 것으로 씨를 뿌립니다. 한 예로 동네 여행을 통해 그런 효과를 얻을 수 있을 겁니다. 내 일상의 '지금 여기'를 여행자의 관점으로 바라보기.

반창고

똑같은 자세, 우울한 시간, 무기력한 태도, 무감각한 행동, 변화 없는 선택, 지루한 생활.
이런 부정적인 상태에 오래 머무는 것은 현명하지 못한 일이지요. 벗어나서 긍정의 마인드로 옮아가는 방법은 매우 간단하고 쉬운 데에서 시작하는 것이 좋습니다. 예컨대 '머리가 복잡하면 몸을 많이 움직인다.'는 것처럼 일단 몸을 움직이는 겁니다. 나쁜 생각들이 머릿속에서 재생산 되는 것을 막는 지름길입니다.

더불어 읽고 생각해 보면 좋을 이야기

대도의 법상을 가지고 세상에 나아가는지라
가도 해로움이 없으니 편안하고 태평하다.
좋은 음악과 음식은
과객을 멈추게 하는데
도를 입으로 표현하자면
담백하고 무미하니
들으려 해도 들리지 않지만
아무리 써도 다함이 없다.

도덕경, 제 35장: 35. 執大象 天下往 往而不害 安平太. 樂與餌 過客止 道之出口 淡乎其無味 視之不足見 聽之不足聞 用之不足旣.

공자가 말했다.
"'어떻게 헤쳐 갈 것인가. 어떻게 헤쳐 갈 것인가' 하지 않는 사람은 내가 어찌할 수 없을 뿐이다."

논어, 위령공 15장: 子曰 不曰如之何如之何者 吾末如之何也已矣.

아는 능력이 사람에게 있는 것을 지知라 하고, 지가 대상과 합치되는 것을 지혜[智]라 한다.

순자, 정명 1: 所以知之在人者謂之知. 知有所合謂之智.

명상 요가

인도에서 시작된 요가^{Yoga}는 호흡·스트레칭과 명상이 결합된 심신 수련법입니다. 요가의 어원은 '결합한다'는 뜻을 가진 범어 '유즈^{yuji}'입니다. 어원으로 보면 요가는 마음을 긴장시켜 어떤 특정한 목적에 상응 또는 합일한다는 의미입니다. 인도의 문헌에서 요가라는 명칭이 처음 보이는 것은 기원전 600년 전입니다. 그 이전 고대인도의 문헌에도 요가의 자세와 수련법을 설명하는 내용이 발견된다고 하니 그 유서가 대단히 깊습니다.

요가는 중점을 두는 수련방식에 따라 종류가 다양합니다. 대표적으로는 종교적 의미가 강한 '박티요가$^{Bhakti\ yoga}$', 이성과 지식을 강조하는 '주나나요가$^{Jnana\ yoga}$', 절제를 강조하는 '카르마요가$^{Karma\ yoga}$', 욕망을 통제하여 육체의 해방과 해탈을 추구하는 '탄트라요가$^{Tantra\ yoga}$', 음양 조화에 의한 육체의 고통과 생리적

움직이며

이상을 해소하며 건강하고 아름다운 자태를 되찾고자 하는 '하타요가$^{Hata\ yoga}$', 심리적 통제를 추구하는 '라자요가$^{Raja\ yoga}$', 음성을 주요 수단으로 수련하는 '만트라요가$^{Mantra\ yoga}$' 등이 있습니다.

그 중에서 육체의 조화로운 발달을 추구하는 하타요가와 명상을 중시하는 라자요가가 대중에게 널리 전파되었습니다. 대중들의 접근이 쉬운 문화센터에 개설된 요가강좌에서는 주로 하타요가 중심의 강의가 이루어집니다. 최근에는 명상을 중시하는 분위기가 확산되는 추세이고요.

짧지 않았던 나의 요가 수련장은 전문 요가원이 아닌 몇 군데의 문화센터였습니다. 그러나 운이 좋아서 좋은 선생님을 만날 수 있었습니다. 그 인연이 오랫동안 요가를 지속할 수 있었던 동력이었을 겁니다. 지난 가을부터는 주한인도문화원에 개설된 요가강좌에 나갑니다. 이곳 역시 문화센터이지만 여기서는 인도인 강사의 지도를 받아요. 이 강좌에서는 하타·만트라가 섞여있고 명상도 합니다. 한 시간 수업 중 십여 분 남짓 진행하는 명상을 제일 좋아합니다.

명상 중에 사바아사나[송장자세] 상태에서 눈을 감고 자신의 몸을 성찰하는 순서가 있습니다. 오른쪽 발끝에서부터 종아리와 허벅지로 올라와서 오른쪽 다리 전체를 바라보라는 안내를 받아요. 안내 메시지는 그런 식으로 사지와 몸통 머리에 이르기까지 내 몸의 구석구석을 호명하면서 바라보라고 합니다. 내 몸의 각 부분을 돈 끝에 마지막에는 내 몸의 전체를 하나로 바라보라 합니다.

나의 모든 것을 담고 있는 몸이지만 특별히 하나하나 부분적으로 의식하면서 살지는 않잖아요. 어떤 시인은 하나의 꽃에 지나지 않았던 사물이 그 이름을 불러 줌으로써 자신의 꽃이 되었다고 노래했습니다. 평소 관심 밖이었던 발끝이나 내장기관들을 하나하나 불러내어 내 의식 위로 떠오르게 하는 간단한 장치를 통해 내 몸에 대해 특별한 느낌을 빚게 합니다.

명상의 시간은 몸의 각 부분을 의식하게 하고 이 시간을 통해 나는 집중해서 성찰하는 것의 의의를 생각합니다. 그리하여 내 생활의 여러 모습을 하나하나 관심의 전면으로 불러내 보는 시간을 가져 보는 것도 재미있을 것 같습니다.

반창고

내 몸의 중심에 마음이 있겠지만 평소 의식적으로 내 마음을 들여다보진 않습니다. 늘 희로애락의 감정에 흔들리면서도요.
화가 나있다면 그 화는 어디에서 왔는지 불러내 봅니다. 슬픈 마음의 원인도 찾아봅니다. 언제부턴가 원인은 사라지고 힘든 감정만 남잖아요. 그러니 감정들이 하나의 대상이 되도록 해보는 겁니다. 이런 자가 치유의 길로 접어들기 위해서는 평소 그를 위한 훈련이 필요합니다. 이를테면 요가 명상! 깊은 호흡과 함께 내 마음을 의식 위로 불러냅니다.
실은 깊은 호흡만으로도 꽤 좋은 효과를 얻을 수 있답니다.

더불어 읽고 생각해 보면 좋을 이야기

스스로에게 성내고 화나는 감정이 있으면
그 바름을 얻지 못하고,
두렵고 무서운 마음이 있으면 그 바름을 얻지 못하며,
좋아하는 마음이 있어도 그 바름을 얻지 못하고
걱정 근심하는 마음이 있어도 그 바름을 얻지 못한다.
마음이 제자리에 있지 않으면
보아도 보이지 않고 들어도 들리지 않으며
먹어도 그 맛을 알지 못한다.
이러하니 수신은 그 마음을 바로 하는 것에
딜려있다고 하는 것이다.

> 대학, 전7장: 身有所忿懥 則不得其正 有所恐懼 則不得其正 有所好樂 則不得其正 有所憂患 則不得其正. 心不在焉 視而不見 聽而不聞 食而不知其味. 此謂脩身在正其心.

북한산 아랫마을, 내 안에 저장

　연신내역을 지나 은평 뉴타운 방향으로 2킬로미터 가량 직진하면 뉴타운의 아파트를 지나게 됩니다. 아파트 단지를 지나 저 멀리 하나고등학교가 왼편으로 보일라치면 불현듯 두둥! 시야를 압도하는 북한산이 떡하니 눈앞에 마주 섭니다. 장관이란 말밖엔 적절한 형용사를 찾기 어려운 순간입니다. 사는 곳 근처에서 이렇게 멋진 풍경을 볼 수 있다니 세삼 고맙습니다.

　하나고등학교 앞에서 우회전을 하면 곧바로 한옥마을이 시작되고 그 초입에 은평역사한옥박물관이 있습니다. 박물관에 주차를 하고 산책을 시작합니다. 산의 정기에 감싸여 있는 마을을 걸으며 산에 오르는 것과는 다른 느낌을 받습니다. 알 수 없는 그윽한 에너지가 나를 안아주는 듯 포근한 기분입니다. 마을 가장자리로 난 둘레길을 한 바퀴 돌아보고 사이로 난 길을 이리저리 걷다 보면 곧 진관사를 만납니다. 진관사 경내를 돌아 시작점으로 돌아오기까지 천천히 걸어도 한 시간을 넘지 않을 규모의 산책입니다.

산책은 '1인1잔'에서 마무리 합니다. 카페 3층에서 내려다보면 한옥박물관에서 진관사 입구까지 이루어진 마을이 한눈에 들어옵니다. 북한산이 병풍처럼 둘러싸고 그 안에 안기 듯 내려앉은 마을이 한 폭의 그림 같습니다. 한동안 따뜻한 차와 함께 눈에 들어오는 풍경을 즐깁니다. 어느새 복잡했던 심정이 안정되면서 이제 다시 애써 볼 수도 있겠다는 마음이 올라옵니다. 이런 시간은 새로 이사한 후 맛보는 위안입니다. 독립 이후 늘 집 근처에 힐링의 공간을 정해두곤 했었는데 이번이 갑입니다.

고요했던 시절의 명동성당과 성공회대성당, 정동 길, 간송박물관, 남산공원 같은 곳도 한 때 같은 역할을 해 주었던 곳입니다. 답이 나오지 않는 데 같은 면을 계속 바라보고 있는 것은 어리석은 일입니다. 잠시 쉬는 시간을 갖거나 다른 쪽으로 돌아가서 생각해 보는 편이 훨씬 효과적입니다. 힐링의 장소를 정해두는 일은 이를 위한 간편하지만 꽤 유용한 장치입니다.

누구든 때때로 불쑥불쑥 마음이 복잡하고 정신이 피곤한 상황과 맞닥뜨립니다. 그렇다고 병원 치료를 받을 정도는 아니고 타인에게 알리고 싶지도 않습니다. 분명한 것은 이 부정적 상태에서 벗어나야 한다는 것이고요. 그렇다면 어떻게든 스스로 해쳐가야만 합니다. 이런 때 그 힐링의 장소가 좋은 역할을 해 줍니다.

어디라도 내가 편하게 시간을 보낼 수 있는 곳이면 됩니다. 고즈넉한 교회나 화려하고 시끄러운 클럽, 어느 곳이라도 상관없습니다. 어린 시절 추억이 서린 골목도 좋습니다. 박물관의 서늘한 기운 속으로 들어가 보는 것도, 상인의 호객 소리로 시끌벅적한 시장거리도 나쁘지 않습니다.

나라면 종종 북한산 아랫마을을 찾아 산책을 하고 한 잔의 차를 스스로에게 대접하는 시간을 갖게 될 겁니다.

반창고

"최선을 다하는 곳 그곳이 양지"라는 문장을 보았어요. 문장으로 위로받는 것이 이런 것이구나 싶습니다.

그러니 나는 내가 서 있는 자리를 사랑하려고요. 그리고 그 자리에서 바른 쪽으로 걷는 사람이면 충분하다고 스스로에게 이야기 해 줍니다. 이런 순간이 필요할 땐 그곳으로 갈 거예요. 거기라면 편안하게 스스로를 다독여줄 수 있을 겁니다.

더불어 읽고 생각해 보면 좋을 이야기

공자가 말했다.
"군자는 세상일에 대해 반드시 해야만 한다는 것도 없고
하지 말아야 한다는 것도 없으니
의와 더불어 짝을 이룰 뿐이다."
    논어, 이인 10: 子曰 君子之於天下也 無適也 無莫也
    義之與比.

증자가 말했다.
"선비는 품이 넓고 뜻이 강인하지 않으면 안 되니
소임이 무겁고 길은 멀기 때문이다.
인을 행하는 것을 자신의 소임으로 삼았으니
또한 무겁지 않은가?

움직이며

죽은 다음에야 끝날 것이니 또한 멀지 않은가?"

> 논어, 태백 7: 曾子曰 士 不可以不弘毅 任重而道遠. 仁以爲己任 不亦重乎. 死而後已 不亦遠乎.

"무엇이 호연지기인지를 여쭤봅니다."
"말로 설명하기 어려운 것이다.
그 기는 지극히 크고 지극히 강하며,
곧음으로써 기르면서 해치는 것이 없으면
천지 사이에 가득차게 된다.
또 그 기는 의와 도와 짝이 되고
이것이 없으면 쪼그라든다.
이는 의가 쌓여서 생기는 것이지
하나의 의가 닥쳐와서 취하는 것이 아니다.
행동함에 마음에 만족스럽지 못함이 있으면 쪼그라든다.
내가 그래서 '고자는 의를 알지 못한다'고 했으니
그는 의가 밖에 있다고 여겼기 때문이다."

> 맹자, 공손추상 21: 敢問何爲浩然之氣. 曰難言也. 其爲氣也 至大至剛 以直養而無害 則塞於天地之間. 其爲氣也 配義與道 無是 餒也. 是集義所生者 非義襲而取之也. 行有不慊於心則餒矣. 我故 曰告子未嘗知義. 以其外之也.

보라카이에선 아무 것도 하지 말아요

보라카이^{Boracay}는 추운 겨울에 출발해야 제맛이지요. 칼리보행 비행기에 몸을 실을 때 두꺼운 외투는 필요 없습니다. 이제 열대를 향해 가니까요. 4시간 30분의 비행으로 칼리보 국제공항에 도착합니다. 국제공항이란 이름이 무색할 정도로 한적한 시골의 버스터미널 같은 공항은 아무 것도 하지 않을 여행에 제격인 풍경입니다.

이제 보라카이섬에 들어가기까지 다소 험난한 과정이 기다립니다. 1시간 30분 정도 자동차로 이동하여 까띠끌란 항구로 가서 보라카이섬으로 들어가는 배를 탑니다. 배로 이동하는 시간은 10여 분이면 되고요. 기다리는 시간까지 넉넉하게 3시간 정도는 들여야 보라카이섬에 발을 디딜 수 있겠습니다.

보라카이섬은 필리핀 중부에 위치한 길이 7킬로에 너비 1킬로 남짓의 아담한 섬입니다. 연평균 기온은 27도 내외이고 우기와 건기의 두 계절이 있습니다. 우리 겨울은 그곳의 건기에 해당되니 건조하면서 따끈한 햇살이 나를 기다리고 있을 겁니다. 보라카이에서 나의 행동반경이 될 화이트비치는 총길이 4킬로, 산책하기에 적당한 크기입니다. 게다가 그저 바라보고만 있어도 질리지 않는 맑고 진한 코발트빛의 바다. 남국의 푸른빛이에요.

리조트에서 주는 아침을 먹고 희고 고운 모래해변을 산책합니다. 해가 올라와 기온도 같이 높아지면 리조트 앞의 나무 그늘 명당을 골라 편한 자세로 누워 언뜻언뜻 보이는 하늘을 바라봅니다. 이어폰으론 플레이리스트의 음악이 흐르고 가끔씩 휙 지나는 바람이 "그대로 좋아!" 말해주는 것 같습니다. 수영을 좋아하는 친구는 물로 뛰어들고 그런 풍경을 구경하는 것도 재미있습니다. 책도 읽지 않고 쓰는 일도 멈추고요. 그저 바다를 마주하고 음악을 들으면서 나의 호흡과 햇살과 바람을 느낍니다.

보통 여행을 가면 일상의 의무에서는 벗어나지만 다른 의무감으로 들끓곤 합니다. 가 보아야 할 곳을 챙기기 위해, 이동 시간에 맞추기 위해 분주합니다. 신기하고 재미난 구경거리를 찾아 다리가 아프도록 걷기도 하고요. 이 감흥을 남겨야 한다는 가쁜 마음으로 잠잘 시간을 미루고 기록에 몰두하기도 합니다. 매력적인 순간들이지만 부수적으로 쌓이는 피로를 피할 수 없습니다.

보라카이에서의 나는 그런 여행의 의무감에서도 자유롭습니다. 그저 바다를 바라보고 누워 있다 지루해지면 해변을 따라 걸어 봅니다. 따가운 열대의 햇살에 금방 땀이 흐르고 지칠 즈음엔 냉방 시설이 되어 있는 실내로 들어가 땀을 식히면 됩니다. 그 아름다운 바다에 몸을 담가도 좋고요. 그것도 시들해지면 디몰 근처의 상가 거리를 구경하러 갑니다.

어느새 해가 기울어 석양 무렵이면 주요 일과인 선셋의 장관을 감상합니다. 푸른 바다와 주홍빛으로 물들어가는 하늘. 표현할 수 없는 아름다운 풍경에 슬프기도 하고 벅차기도 한 느낌이 지금 여기에 존재하는 것에 대한 감사로 이어집니다. 아름다운 것을 아름답다고 느낄 수 있는 감각이 내게 있음이 자랑스럽기도 하고, 자연이 만들어 내는 장관 앞에 나는 정말 작다는 생각도 들고요.

아무 데라도 눈에 띄는 식당으로 들어가 저녁을 먹고 이번에는 밤의 해변을 걷습니다. 걷고 싶은 만큼 걷다가 쉬고 싶으면 그 자리에 앉아서 어둠이 내린 바다의 소리를 듣고요. 이제 생수보다 싸고 종류도 다양한 맥주 산미구엘을 손에 집히는 대로 사서 우리의 방으로 돌아가면 됩니다.

이런 여행도 가능하다는 걸 알고는 얼마나 평온했던지요.

'무엇을 해야 한다', '어디에 가보아야 한다'는 생각을 내려놓고 하는 여행입니다. 가능한 만큼의 가벼운 옷을 입고 눈앞에 보이는 것을 바라보고 걷고 싶으면 걷고 누워있고 싶다면 편히 누우면 됩니다. 보라카이는 이런 여행에 최적화된 공간이에요. 4-5일 정도 시간을 낼 수 있다면 이렇게 비우고 쉬는 여행을 해보세요.

반창고

저 구멍으로 나가면 되는데 방안에 든 쥐는 놀라운 속도로 뱅글뱅글 돌기만 합니다. 답답하고 한심한 장면이지요. 누군가 나를 보고 그렇게 여길 수도 있겠구나! 서늘한 자각이랄까요. 위기에서 벗어나는 길은 생각보다 간단한 데서 찾아질 수 있을지 모릅니다. 그러므로 우선 심호흡 세 번!

더불어 읽고 생각해 보면 좋을 이야기

뒤꿈치를 들면 제대로 설 수 없고,
보폭을 넓히면 잘 갈 수 없다.
스스로 드러내고자 하는 자는 밝지 못하고
스스로 옳다고 하는 자는 드러날 수 없다.
스스로 자랑하는 자는 공이 없고
스스로 뽐내는 자는 오래갈 수 없다.
이런 행동을 도의 관점에서 보면
남은 음식이며 군더더기 행동이다.
사람들이 그런 행동을 싫어하므로
도를 아는 자는 그렇게 하지 않는다.

> 도덕경, 제24장: 跂者不立 跨者不行 自見者不明 自是者不彰 自伐者無功 自矜者不長. 其在道也 曰餘食贅行. 物或惡之 故有道者不處.

학문을 하는 것을 나날이 더하는 것이고
도를 행하는 것은 나날이 덜어내는 것이다.
덜어내고 또 덜어내어 무위함에 이르면
하지 않지만 하지 못함이 없게 된다.
천하를 가지려면 항상 일삼는 것이 없어야 하니
일삼는 것이 있으면 천하를 갖기에 부족하다.

> 도덕경, 제48장: 爲學日益 爲道日損 損之又損 以至於無爲 無爲而無不爲. 取天下 常以無事 及其有事 不足以取天下.

자원봉사자의 행복지수

　자원봉사의 사전적 의미는 '사회나 공공의 이익을 위해 대가 없이 자발적으로 행하는 활동'입니다. 그러므로 학교에서 요구하는 학점을 위한 비자발적 자원봉사는 일단 배제하고 생각해 볼까요. 자원봉사를 위해서는 우선 자신의 시간과 노력을 타인을 위해 내놓아야 합니다. 그 노력에는 연탄을 옮긴다거나 목욕봉사를 하는 등 평소 경험하지 못하는 노동을 감내해야 하는 경우가 포함됩니다. 효용을 추구하는 경제적 존재라는 사람의 조건으로 보면 불합리한 행동이지요. 사람은 왜 이런 선택을 할까요.

　마이어와 스투처는 '자원봉사를 하는 사람들이 그렇지 않은 사람들보다 자신의 생에 대해 더 큰 만족감을 보이는가'에 대한 연구를 했습니다.[Meier and Stutzer 2008] 이 연구에서는 사람들의 사회 경제적 상황에 관한 항목과 삶의 만족과 자원봉사 정도를 묻는 설문을 행하였습니다. 보통은 자원봉사를 하는 사람들이 그렇지 않은 사람보다 삶의 만족도가 높고 행복지수도 높을 것이라고 생각합니다. 그런데 자원봉사를 해서 삶의 만족도가 높은 것인지 삶의 만족도가 높은 사람이 자원봉사를 선택하는지 그 인과관계가 불분명하다는 의견도 있었습니다.

이들은 자원봉사를 함으로써 삶의 만족도가 높아진다는 맥락을 확인해 줍니다. 이 연구는 독일 통일 이전부터 통일 이후 시기[1985-1999]를 포괄하는 시기의 독일인을 대상으로 했습니다. 여기서는 적극적으로[주 1회] 자원봉사를 하는 사람일수록 간헐적으로 자원봉사를 하는 이들보다 삶의 만족도가 높고 당연히 전혀 자원봉사를 하지 않는 이들에 비해서는 월등히 높은 만족감을 가진다는 분포를 확인할 수 있었습니다. 특히 통일 이후 동독의 주민들 중 자원봉사의 기회를 계속 얻은 이들과 그렇지 못한 사람 간의 유의미한 차이를 발견합니다.

자원봉사의 기회가 크게 달라진 1990년과 1992년을 비교해 보았을 때 자원봉사를 그만두어야 했던 이들의 삶의 만족도는 크게 감소합니다. 자원봉사의 상태가 바뀌지 않은 사람과 의미 있는 차이를 발견한 것이지요. 이들의 분석 결과는 자원봉사가 삶의 만족에 긍정적 영향을 미친다는 해석을 지지합니다.*

추운 날씨에 한나절 동안 산동네의 어른들을 위해 연탄을 나른 젊은이들이 얼굴에 검은 칠을 하고서 활짝 웃습니다. 평생 약품 냄새에 찌들며 작은 미용실을 지킨 나이든 원장님은 마을회관에서의 미용봉사 시간에 주름진 얼굴에 환한 웃음을 피우고요. 연구자들의 연구가 없어도 알 수 있습니다. 자기가 가진 것을 가치 있게 사용한 뒤에 오는 성취감의 깊이를요.

최근에는 가족이 아닌 이들을 위해 나의 몸을 움직여서 무언가를 해 본 기억이 없네요. 선의에 공감하는 몇몇 단체에 금전적 기부를 하는 것으로 스스로를 위안했을까요. 물론 녹록지 않은 살림을 나누어 기부하는 일도 의미 있는 일이지요. 그런데 이번에는 좀 다른 지점에서 나눌 수 있고 할 수 있는 일을 찾아볼까 생각중입니다. 왜냐하면 나는 행복한 순간들을 살고 싶으니까요.

---

* 마이어와 스투처의 논문: 브루노 s. 프라이 지음, 유정식 등 옮김, 《행복, 경제학의 혁명》 부키, 2015. pp144-151 참조.

반창고

세상으로부터 제대로 상처받아 급격하게 마음이 가라앉은 날, 〈유 퀴즈 온 더 블록〉의 유재석이 골목을 누비며 사람들을 만나고 대화를 나누는 화면을 봅니다. 멍하게 화면을 응시하던 나는 가진 것이 없어 보이는 사람들에게서 나오는 풍요로운 마음을 발견하며 깜짝 놀랍니다. 나는 내가 잃고 상처받은 데에만 주목하는 중인가? 스스로에게 물어도 보고요. 별반 나눌 것이 없을 것처럼 보였던 사람의 마음에서 나오는 나눔을 보면서 위로도 받고 배움도 얻습니다.

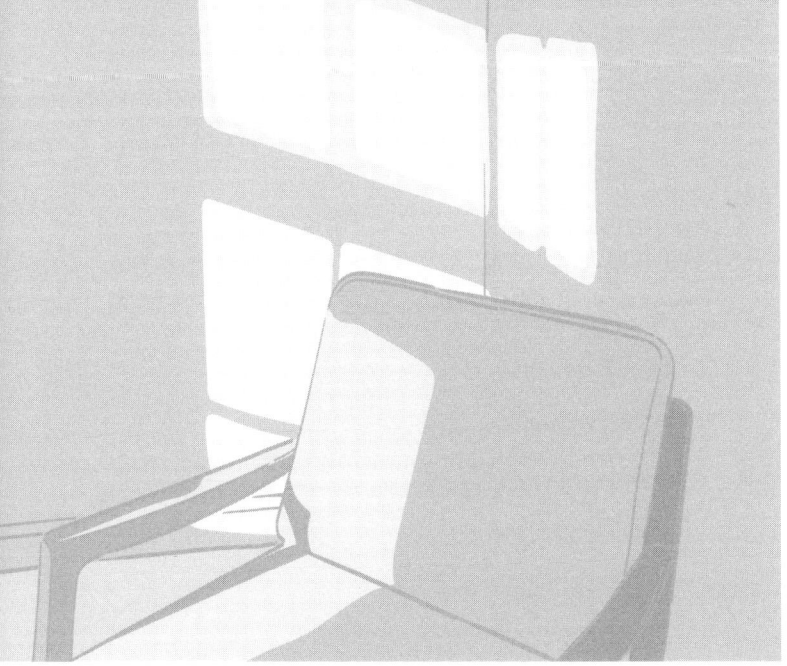

더불어 읽고 생각해 보면 좋을 이야기

현명함을 숭상하지 않으면
사람들이 다투지 않게 할 수 있다.
얻기 어려운 재화를 귀하게 여기지 않으면
사람들이 도둑이 되지 않도록 할 수 있다.
욕심낼 만한 것을 보여주지 않으면
사람들의 마음이 어지러워지지 않도록 할 수 있다.
그렇기 때문에 성인의 다스림은
그 마음을 비우고 그 배를 채우며
그 뜻을 약하게 하고 그 뼈를 강하게 한다.
항상 사람들이 무지 무욕하게 하여
저 꾀를 쓰는 자들이 감히 무슨 일을 하지 못하도록 한다.
무위를 행하면 다스리지 못할 것이 없다.

> 도덕경 제3장: 不尙賢 使民不爭 不貴難得之貨 使民不爲盜. 不見可欲 使民心不亂. 是以聖人之治 虛其心 實其腹 弱其志 强其骨. 常使民無知無欲 使夫智者不敢爲也. 爲無爲 則無不治.

최고의 선은 물과 같다.

물은 만물을 이롭게 하면서도 다투지 않고

뭇 사람들이 싫어하는 데에 처한다. 그러므로 도에 가깝다.

머무는 곳은 땅을 좋아하고

마음은 깊은 것을 좋아하며

함께 할 때는 인자함을 좋아하고

말할 때는 믿음을 좋아하며

바로잡을 때는 다스려지는 것을 좋아하고

일할 때는 능력 있는 것을 좋아하며

움직일 때는 때에 맞는 것을 좋아한다.

오직 다투지 않기 때문에 허물이 없다

> 도덕경 제8장: 上善若水 水善利萬物而不爭 處衆人之所惡. 故幾於道. 居善地 心善淵 與善仁 言善信 正善治 事善能 動善時. 夫唯不爭 故無尤.

움직이며

쉼표

드라마 〈낭만닥터 김사부〉는 김사부란 별명으로 통하는 진짜의사 부용주와 병원을 수익모델 그 이상도 이하도 아닌 것으로 간주하는 이사장의 갈등을 근간으로 이야기가 전개됩니다. 김사부는 치료가 필요한 사람에게 최대한의 치료를 해 주려고 합니다. 당연히 환자가 어떤 사회적 지위를 가졌는가는 고려의 대상이 아닙니다. 사람의 생명이 최고의 가치라 여기는 의사로서의 철학을 올곧게 실천하는 사람입니다. 이 사람의 생명 존중은 사람에 대한 존중과 통합니다.

한 119구급대원이 응급실에 실려 옵니다. 길거리의 취객이 휘두른 폭력으로 머리를 다쳤고 그는 결국 뇌사 상태에 빠집니다. 자신의 일에 충실했던 한 사람의 어이없는 죽음이었지요. 고인은 생전에 장기 기증 서약을 해 두었습니다. 뇌사 판정 후에 성급하게 장기 척출을 주장하는 이들에게 김사부가 말합니다. "이 분은 장기를 기증하는 물건이 아니다. 우선 최대한 존중하는 자세로 감사와 명복을 빌자!"

이후 젊은 구급대원의 죽음과 그의 장기기증 사건에 언론의 스포트라이트가 집중되는 장면이 나오고 자랑스러운 표정으로 사진을 찍는 병원 관계자들이 나옵니다. 그 다음 장면에서는 착잡한 표정으로 홀로 서 있는 김사부의 복잡한 표정이 화면을 채웁니다.

김사부는 환자뿐 아니라 후배 의사들에게도 특별한 선배입니다. 이들의 긍지를 북돋아 주면서 참 의사의 길은 솔선수범으로 보여줍니다. 자신의 욕망을 위해 후배들을 소비하는 다른 의사들과는 차원이 다른 캐릭터입니다. 의사는 사람의 질병을 다루는 사람입니다. 질병은 사람의 인격과 분리하여 다루어질 수 없고요. 그렇다면 의사의 기본자세는 인간에 대한 이해에서 만들어질 겁니다. 기계를 다루는 기술자와는 다른 영역이니까요.

병원을 수익의 도구로 여기는 경영자들의 눈에 김사부의 행동은 걸림돌입니다. 돈이 안 되는 수술만 일삼는 방해꾼이니까요. 이런 모양은 드라마 밖 실제의 병원에서도 별반 다름이 없을 겁니다. 현실이라고 김사부와 같은 의사가 없겠습니까. 그러나 이들은 드라마와 달리 힘이 없어 보입니다. 그러니까 자본주의 사회라 해도 의료는 시장논리에만 맡겨서는 안 된다는 것입니다.

어려움에 처해 있던 김사부가 상대편을 향해 통쾌한 한방을 날리며 자신의 논리를 관철하는 과정을 보며 시원한 대리만족을 경험합니다. 현실에선 좀처럼 볼 수 없는 장면이라 더 그렇습니다. 어디 병원에서만 그런 일들이 벌어질까요. 내 주변인 대학의 현실도 별반 다르지 않습니다. 학문을 연구하는 곳이라는 대학의 기능은 퇴색된 지 오래되었고요. '돈이 되지 않는 학과'는 그 학문적 가치에 관계없이 존재가치를 잃었습니다. 지출을 줄이려는 학교 경영자들의 교묘함이 인격을 도외시하는 풍경도 낯설지 않은 일입니다.

주류에 들지 못한 이들에게 가중되는 피로감으로 답답해진 가슴은 해소의 방법을 찾기 어렵습니다. 사회의 부조리한 모습들이 여기저기서 불거지는 오늘은 그래도 변화의 조짐이 나타나는 중일지도 모릅니다. 그리하여 결국 좋은 방향으로 갈 것을 믿는다 치더라도 변화를 체감할 수 있는 날이 그리 쉽게 올 것 같지는 않습니다. 그러니 우선 답답한 가슴만은 위로해 주어야합니다.

날씨가 맑은 날이면 접근이 쉬운 공원으로 나가서 일단은 걸어 봅니다. 조금 **빠른** 걸음으로 30분 정도를 걷다보며 살짝 땀이 날 거예요. 그 때 벤치든 계단이든 시야를 잘 확보할 수 있는 자리에 앉습니다. 심호흡으로 가빠졌던 숨을 고르며 시선은 하늘로 보냅니다. 2-3분 심호흡 후엔 편한 호흡을 하면서 머리 위의 드넓은 하늘을 바라봅니다. 이렇게 10분 정도면 효과를 볼 수 있습니다.

반창고

시선을 아래로 내리는 데에 너무 익숙해 있어요. 생각보다 위를 바라보는 일이 적고 게다가 하늘을 보는 시간은 더 적을 겁니다. 그런데 하늘 보면서 쉬는 시간은 약효가 꽤나 좋습니다. 그렇게 한 숨 쉬고 다시 걸어갑시다.

더불어 읽고 생각해 보면 좋을 이야기

허함에 이르기를 지극히 하고 고요함 지키기를 돈독히 하라.
만물이 함께 일어남에 나는 그들이 되돌아감을 보니
저 만물은 무성하지만 결국 그 뿌리로 돌아간다.
뿌리로 돌아가는 것을 고요함이라 하니
이것을 일러 명을 회복한다고 하고
항상 된 이치를 아는 것을 밝다고 하는데
항상 된 이치를 모르면 망령되게 흉한 일을 저지른다.
항상 된 이치를 알면 너그러워지고
너그러워지면 공정해지며
공정하면 왕이 되는데
왕은 곧 하늘과 같고 하늘은 곧 도와 같으며
도는 오래갈 수 있으니
죽을 때까지 위태롭지 않다.

> 도덕경, 제16장: 致虛極 守靜篤. 萬物竝作 吾以觀復 夫物芸芸 各復歸其根. 歸根曰靜 是謂復命 復命曰常 知常曰明 不知常 妄作凶. 知常容 容乃公 公乃王 王乃天 天乃道 道乃久 沒身不殆.

움직이며

굽히면 온전해지고 구부리면 곧아지며
패이면 채워지고 해지면 새로워지며
적으면 얻게 되고 많으면 미혹된다.
그러므로 성인은 하나를 품고서 세상의 법으로 삼는다.
스스로 드러내지 않으므로 밝고
스스로 옳다고 하지 않으므로 드러나며
스스로 자랑하지 않으니 공이 있고
스스로 뽐내지 않으니 오래간다.
오직 다투지 않으므로
세상에 그와 다툴 수 있는 자가 없으니
옛날에 '굽히면 온전해진다'는 말이 어찌 헛말이겠는가!
진실로 온전하게 돌아가는 것이다.

> 도덕경, 제22장: 曲則全 枉則直 窪則盈 弊則新 少則得 多則惑. 是以聖人抱一爲天下式. 不自見 故明 不自是 故彰 不自伐 故有功 不自矜 故長. 夫唯不爭 故天下莫能與之爭 古之所謂曲則全者 豈虛言哉 誠全而歸之.

소리 질러~

 산에 올라 "야호" 크게 소리쳐본 이는 알 거예요. 그 시원한 느낌을. 운전 중에 목청껏 큰 소리로 노래를 불러 본 사람은 압니다. 일시적이지만 그렇게 해서 답답한 심정을 가시게 할 수 있음을. 스탠딩콘서트에서 있는 힘을 다해 떼창에 참여해본 이는 공감할 거예요. 기진맥진 탈진할 정도로 에너지를 쏟아 부은 뒤의 해소된 기분을.
 하고 싶은 말과 해야 할 이야기를 애써 삼켜야 하는 순간들이 한 두 번 이었을까요. 때로는 목에 핏대를 올리며 주장해 봐야 내 마음만 다칠 뿐 개선의 여지가 없는 관계도 생기고요. 같은 말을 수 없이 반복해도 매번 튕겨져 나오기만 하는 듯한 답답함으로 절망하는 경우도 있습니다. 나의 진정이 아무렇지도 않게 버려지는 침울한 경우도 겪어야 하고요.

이렇게 보니 각양각색의 스트레스 상황으로 인생을 그려볼 수도 있겠습니다. 각종의 스트레스는 사람을 힘들게 하는 요인이면서 사람의 삶과 떨어지기 어려운 것이기도 합니다. 누구든 크고 작은 스트레스 때문에 심리적·신체적으로 어려운 상황에 직면할 수 있습니다. 사람들에게 흔히 발병하는 질병 가운데 스트레스와 연관되지 않은 것을 찾기 어렵습니다. 현대의학에서도 스트레스의 원인을 제거하고 잘 다스리는 것을 치유의 중요한 요소로 봅니다.

이런 생각은 유서가 깊은 것입니다. 《활인심법活人心法》은 이황李滉(1501-1570)선생이 건강을 유지하기 위한 핵심이 들어 있다고 하여 중시했던 글입니다. 본래 이 글은 명나라의 주권朱權(1378-1448)이 지었습니다. 이 책의 핵심은 만병의 근원이 마음에 있으니 이 마음을 잘 다스리는 것이 건강과 치유의 뿌리라는 내용입니다. 이황은 이 책을 직접 필사하고 자신의 의견을 붙여서 '활인심방活人心方'이라 이름 붙이고 글의 내용을 실천함으로써 건강을 유지하기 위해 노력했다고 전합니다.

병의 근원을 마음에서 찾을 수 있다는 오래 된 개념은 스트레스에 관한 오늘의 해석과 맥이 닿아 있습니다. 그러니 예나 지금이나 스트레스를 관리하기 위해서 내 마음을 다스리는 문제가 요점입니다. 활인심방에서는 중화탕中和湯을 제조하는 방법이

제시되어 있습니다. 이는 스트레스를 관리 할 수 있는 단단하면서도 유연한 마음으로 훈련하는 방법이라고 이해하면 좋을 것 같아요. 글에서는 다음의 30가지 항목이 제시되었습니다.

1. 생각에 거짓이 없음[思無邪]
2. 좋은 일을 행함[行好事]
3. 마음을 속이지 않음[莫欺心]
4. 적절한 방법으로 행함[行方便]
5. 본분을 지킴[守本分]
6. 질투하지 않음[莫嫉妬]
7. 교활한 속임수를 없앰[除狡詐]
8. 성실하고자 힘씀[務誠實]
9. 자연의 원리에 따름[順天道]
10. 운명의 한계를 앎[知命限]
11. 마음을 맑게[淸心]
12. 욕심을 적게[寡慾]
13. 참고 견딤[忍耐]
14. 부드럽고 순하게[柔順]
15. 겸손하고 온화하게[謙和]
16. 만족할 줄 앎[知足]

17. 깨끗한 마음으로 삼감[廉謹]

18. 어진 덕을 보존[存仁]

19. 절약하고 검소하게[節儉]

20. 적절하게 처신[處中]

21. 살생하지 않음[戒殺]

22. 성내지 않음[戒怒]

23. 폭력을 행하지 않음[戒暴]

24. 탐내지 않음[戒貪]

25. 신중하고 돈독하게[愼篤]

26. 기미를 알아차림[知機]

27. 보호하고 사랑함[保愛]

28. 편안히 물러남[恬退]

29. 고요함을 지킴[守靜]

30. 남모르게 이룸[陰騭]

하긴 이런 훈련이 되어 있다면 스트레스로 인한 고통을 받지 않는 경지로 우뚝 설 수 있을 것도 같습니다. 그러나 이게 하루아침에 할 수 있는 일들이 아닐 뿐더러 평생 다가가기 어려운 항목도 있습니다. 책에서는 이 각각의 항목을 약재로 여기고 제대로 끓여서 복용하라는 말이 나옵니다. 물론 염두에 두고 지내면 좋은 효과를 얻을 수는 있을 겁니다. 그런데 이것은 장기적 처방이라 해야겠지요.

그러니 우선은 크게 소리를 쳐서 가슴 속의 울화를 달래는 단방^{單方}으로 발등의 불을 꺼야겠습니다.

반창고

콘서트장에 가서 즐기는 것이 좋은 처방이긴 하나 당장 어렵다면 일단 운전석에 앉아 시동을 켜는 방법이 좋겠어요. 이것도 여의치 않으면 코인노래방으로 갑니다. 반드시 혼자 가서 아무런 방해 없는 상태로 굵고 짧게 한두 곡만 부르는 겁니다. 좀 더 공력이 드는 방법으로 하나 더 제안하자면 판소리 배우기! 요건 나의 새해 버킷리스트 중에 들어 있는 메뉴입니다만.

더불어 읽고 생각해 보면 좋을 이야기

저울에 단 뒤에 경중을 알 수 있고,
자로 잰 다음에 장단을 알 수 있는 것은
물건들이 다 그럴 터인데
그 중 마음이 가장 심하니
청컨대 왕은 잘 헤아리십시오.

　맹자, 양혜왕상 7: 權然後知輕重 度然後知長短 物皆然 心爲甚 王請度之.

움직이머

에필로그
나를 위로하는 시간

<u>스스로를</u> 달래야 한다는 것이 시작이었고, 그 다음엔 '당신도 그렇다면'이었습니다.

처음 자판과 마주하던 순간에 책상 위에 펼쳐진 《맹자》는 하필 "인은 빛이 나고 불인은 치욕스럽다.[仁則榮 不仁則辱]"고 이야기하고 있었지요. 이 문장이 나를 따뜻하게 안아주는 것 같았습니다. 글을 써 내려갈 힘을 얻었습니다. 어느 날엔 〈이태원 클라쓰〉 박새로이의 대사로 나온 문장 "소신에 대가가 없는 삶"이라는 말에 또 한 번 쿵! 어깨를 걸어주는 느낌이었을까요.

지금까지 많은 문장들을 만났고 그를 통해 다양한 경험을 할 수 있었습니다. 격려와 위로를 얻었고 연대감을 가질 수도 있었습니다. 이것이 글의 힘입니다. 여러 매체 안에서 문자로 표현

되었던 구절들이 이제 사람의 일상으로 다가와 살아나는 겁니다.

    그리하여 읽고 쓰고 이야기할 수 있는 것은 나의 삶을 위해 참 고마운 능력입니다.